Für Brigitte und die
ökumenische Thailandgruppe
Alles Gute auch für Eure
Arbeit

Vernetzungstreffen 26.4.86

Susanne Lipka

Susanne Lipka, Das käufliche Glück

Frauenstudien an der Universität Münster

Susanne Lipka

DAS KÄUFLICHE GLÜCK IN SÜDOSTASIEN

Heiratshandel und Sextourismus

Verlag Westfälisches Dampfboot

CIP-Kurztitelaufnahme der Deutschen Bibliothek

Lipka, Susanne:
Das käufliche Glück in Südostasien:
Heiratshandel u. Sextourismus/
Susanne Lipka. – Münster:
Westfälisches Dampfboot, 1985.
ISBN 3-924550-17-4

Titelphoto: Heidi Thiemann

Druck: Druckwerkstatt Hafen GmbH, Münster

Vorwort des Verlages

Sextourismus in die Dritte Welt und der Heiratshandel mit Frauen aus diesen Ländern ist trotz der, nach Verlautbarungen der offiziellen Delegationen, "erfolgreichen Beendigung" der UNO-Frauendekade 1985 ein sich immer mehr weltweit durchsetzendes Phänomen 'moderner' kolonialer Herrschaft über 'fremde' Frauen - sei es in Form des Massentourismus vor der exotischen Kulisse südostasiatischer oder afrikanischer Badeorte oder in bundesdeutschen Wohn- und Schlafzimmern.
Susanne Lipkas Buch analysiert materialreich die verschiedenen Facetten dieses Problems. Am Beispiel Thailands deckt sie vor allem die Hintergründe der Prostitution und die Motive der 'Ehemigrantinnen' nach Europa auf, sie demonstriert das massenhaft vermarktete Bild von "der Südostasiatin" und enthüllt es als pornographische Stereotype patriarchaler westlicher Kultur.

Das Buch hält damit unserer eigenen Gesellschaft einen Spiegel vor und regt zu der Überlegung an, welche Männer sich als Sextouristen und welche sich als Frauenkäufer betätigen. Hier wäre also der Blick vom 'Opfer' zu lösen und ihn auf die Tätergruppe und die sie begünstigende Gesellschaft zu richten, in der es möglich ist, Frauen wie exotische Trophäen zu besitzen. Über die Sozialpsychologie der beteiligten Männer können bislang nur Vermutungen angestellt werden: Die Posituren und Wunschvorstellungen zeigen deutlich regressive Züge, die teilweise verbunden sind mit sadistischer Sexualität. Die Unfähigkeit zur Kommunikation bei den hier dargestellten deutsch-thailändischen Paaren verrät den autoritären Charakter der Männer, die ihre sexuellen und emotionalen Bedürfnisse nur in einer 'sprachlosen' Beziehung mit einer durch Geld und Einreisebestimmungen hilflos gemachten Frau ausleben können.

Hier ist aber auch über die Besonderheiten der beteiligten Männer und Frauen hinaus nach den allgemeineren Charakteristika einer Gesellschaft zu fragen, in der das Versagen der sozialen Kontrolle gegenüber derartigen 'Auswüchsen' normal ist (ich meine hier nicht die Laschheit gesetzgeberischer Initiativen, deren Wirkung eh fragwürdig ist). Den zweifelhaften Schutz der Privatheit genießen diese Beziehungen ebenso wie deutsche Paarbeziehungen, in denen physische und psychische Gewalt herrscht und in denen deutsche Frauen ebenso 'verschwinden' wie die Ausländerinnen. An diesem Punkt unterscheiden sich die Situationen der Frauen grundsätzlich nicht voneinander. Es stellt sich heraus, daß wir immer noch zu wenig wissen, über die 'Normalität' von Männer-und-Frauen-Beziehungen, über zurückgehaltene und ausgelebte sexuelle Wünsche und deren Produktion im engeren und weiteren sozialen Umfeld.

Sabine Preuß

Vorwort der Verfasserin

Daß dieses Buch trotz aller Schwierigkeiten doch noch zustande kam, daran sind viele Leute beteiligt, denen ich an dieser Stelle recht herzlich danken möchte.
Die Arbeit entstand im Rahmen der Frauenstudien in Münster, ganz besonderen Dank an Ilse Lenz für fachliche und psychische Unterstützung.
Alfons Cramer an der ehemaligen PH Münster hat die Diplomarbeit betreut und mir immer wieder viel Mut gemacht. Auch ihm möchte ich ganz besonders danken. Sabine Preuß hat mich bei der Überarbeitung des Manuskripts beraten und unterstützt. Ihr ist die Herstellung der Druckfassung zu verdanken. Dank auch an die vielen anderen Leute, die ich hier nicht alle nennen will, die mir Informationen zukommen ließen, mit mir diskutiert haben, getippt und korrigiert haben, die mir Mut gemacht und mich aufgepäppelt haben, vor allem dann, wenn ich vom Thema nichts mehr hören und sehen wollte. Und nicht zuletzt Dank auch denen, die meine miese Laune ertragen haben.

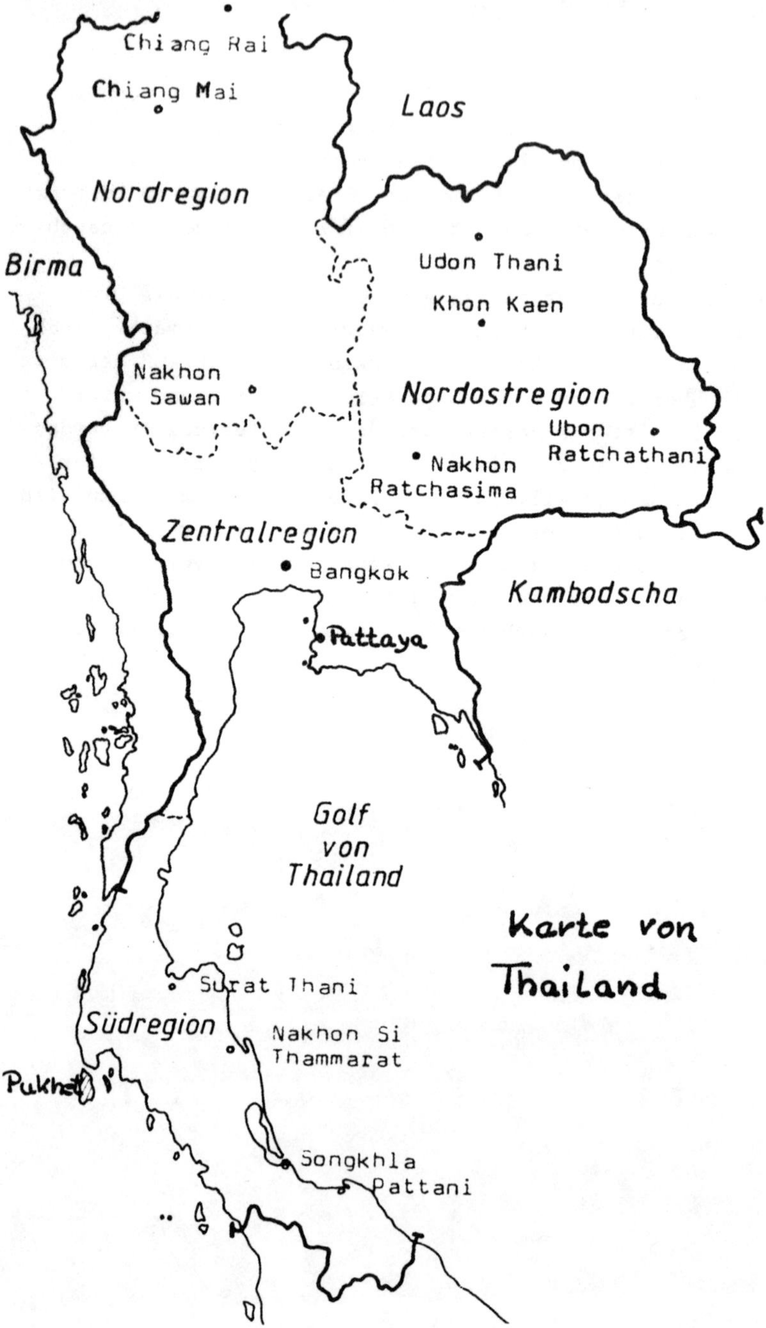

(nach Wolfgang Föste, 1982)

Inhalt

Einleitung

"Für meinen Aufenthalt in Bangkok möchte ich gern ein Thai-Mädchen engagieren. Um aber nicht mit Tripper oder Syphilis nach Deutschland zurückzukommen, möchte ich sie gerne dort von einem Hautarzt oder einer Klinik untersuchen lassen. Ich wäre Ihnen sehr dankbar, wenn Sie mir die Adresse eines garantiert einwandfreien Arztes oder einer Klinik mitteilen würden. Evtl. auch die ca.-Kosten einer Untersuchung. Oder gibt es in Bangkok eine Stelle, die garantiert gesunde Mädchen vermittelt?" (aus einem Brief an die Deutsche Botschaft in Bangkok, zit. in: Tourismus- Prostitution- Entwicklung 1983, 3).

"Von dieser Bildkartei reproduzieren wir jede Woche eine "kleine Auswahl", damit sie einen Überblick über unser Angebot erhalten ... Ist eine Dame bereits vergriffen, d.h. von einem Kunden bereits ausgesucht oder reserviert, so ist es für uns einfacher, die nachgedruckten Blätter zu vernichten, als neue Farbkataloge zu drucken. ... Ich finde es ehrlicher, nur das zu zeigen, was auch tatsächlich vorhanden ist! Aus Kostengründen kann ich natürlich nicht alles zeigen, was verfügbar ist. Sie können aber sicher sein, daß wir Ihnen eine so reichhaltige Auswahl vorlegen werden, daß Sie mit Sicherheit "Ihre" zukünftige Lebenspartnerin finden werden." (Privatpost des "Heiratsvermittlers" G. Menger an seine potentiellen Kunden).

"Keine falsche Scham, der deutsche Mann ist die Nr. 1 in der Welt! ... Denken Sie daran, der deutsche Mann ist bekannt für: Strebsamkeit, Fleiß, Zuverlässigkeit, Mut, Ehrlichkeit und Treue! Diese Eigenschaften prägen das hohe Ansehen des deutschen Mannes in der Welt! Auf diesem Ansehen beruhen Ihre Chancen." (G. Menger, aus dem Prospekt "Traumhaft Schön").

"Sie besitzt viel Wärme und das Verständnis einer reifen Frau. Und sie weiß, daß man bei einem Mann alles erreichen kann, wenn man sanft, anschmiegsam und nachgiebig ist. Die aggressiven, emanzipierten Frauen der westlichen Welt sollten sich bei den Frauen des Fernen Osten ruhig mal 'ne Scheibe abschneiden." (Ehemann einer Südostasiatin, in: Quick 1975, 63).

"Manche Deutsche sind sehr egoistisch. Du gehst mit ihnen, und sie wollen Dich nicht bezahlen. So oft bin ich schon eine Woche mit einem Deutschen zusammen gewesen und nicht bezahlt worden. Wenn ich reklamiere, sagen sie: "Du hast doch bei mir gratis gegessen und geschlafen!" ... Manchmal finde ich einen guten Mann, manchmal einen schlechten, manchmal werde ich geschlagen ... Meine Eltern erfahren nie, wie ich mein Geld verdiene. Ich liebe meine Mutter und Geschwister mehr als alles andere. Ich will ihnen helfen, damit sie ein besseres Leben haben als ich, und trotzdem denkt niemand gut von mir. Wenn ich ein Problem habe, kann ich mit niemandem reden. Ich gehe nach Hause und schlafe und weine. Nie sieht jemand meine Tränen." (Sawai Chandee, Prostituierte aus Bangkok, in: EPK 5/81, 25).

Die vorhergehenden Aussagen zeigen die Vermarktung und den Kauf von Frauen aus Südostasien als Ehefrauen und/oder als Prostituierte. Millionen von Männern aus Industrieländern vor allem auch aus der BRD reisen jährlich in Länder der "3. Welt", um sich dort mit Prostituierten zu 'amüsieren'. Vom 'Sextourismus' oder 'Prostitutionstourismus' sind Länder der "3. Welt" in verschiedenen Erdteilen betroffen, beispielsweise Mexiko, Kenia, Südkorea, vor allem aber Südostasien, genauer Thailand und die Philippinen. Es gibt Hauptströme des Sextourismus. So bevorzugen japanische Sextouristen vor allem das nahegelegene Südkorea und die Philippinen. Hauptziel deutscher Sextouristen ist mit großem Abstand Thailand, gefolgt von den Philippinen.

Vereinzelt hat es das Phänomen des sexuell motivierten Tourismus schon seit langem gegeben, neu sind das quantitative Ausmaß und die hochorganisierte Form, die der Sextourismus in den letzten 10 bis 15 Jahren angenommen hat. In dieser Zeit nahm in den betroffenen Ländern die Prostitution zu, zahlreiche Frauen und ihre Familien gerieten zunehmend in die Abhängigkeit von diesem Erwerbszweig.
Im Zuge des Massentourismus in Länder der 3. Welt begann auch der Handel mit Frauen aus diesen Ländern vor allem aus Thailand und den Philippinen in die Industrieländer und hier wiederum vor allem in die BRD. Die Frauen werden geworben und

bestellt oder mitgebracht als Ehefrauen (oder/und als Prostituierte). In der BRD besteht eine hohe Nachfrage nach Frauen aus der "3. Welt", ganz besonders aber nach Südostasiatinnen. Viele Frauen aus diesen Ländern streben aufgrund ihrer ungesicherten Existenz in der Heimat eine Migration in "reiche Länder" an. In der BRD ist aber eine Aufenthaltsberechtigung für diese Frauen nur durch Heirat zu erreichen.
Als erfolgreiche Vermarktungsstrategie für südostasiatische Frauen erweist sich das in Medien und Werbeträgern aufgebaute Klischee von der exotischen, erotischen, unterwürfigen Asiatin, oft benutzt als Gegensatz zur egoistischen, emanzipierten Europäerin.
In deutscher Sprache gibt es wenig Informationen über die Lebenssituation südostasiatischer Frauen, die Hintergründe der Massenprostitution in Südostasien sowie über die Ursachen der großen Bereitschaft asiatischer Frauen, nach Europa auszuwandern. Am Beispiel Thailands sollen in diesem Buch diese Hintergründe beschrieben werden. Die Massenprostitution in Südostasien begann mit der Anwesenheit des amerikanischen Militärs zur Zeit des Vietnamkrieges als gleichzeitig aufgrund der landwirtschaftlichen Entwicklung große Teile der Landbevölkerung in diesen Ländern verarmten. Entgegen weitverbreiteten Auffassungen ist die Prostitution demnach keineswegs "tief" in der Tradition "verwurzelt" sondern Folge moderner sozio-ökonomischer Entwicklungen.
Neben der Darstellung der Ursachen der Massenprostitution in den südostasiatischen Ländern soll auch der Frage nach den Ursachen für den Frauenkauf in unserer eigenen Gesellschaft nachgegangen werden. Woher kommt der hohe "Bedarf" der Männer in der BRD an Südostasiatinnen? Warum ist das Klischee der Asiatin eine erfolgreiche Vermarktungsstrategie? Wie kann man diesen starken Wunsch nach Abwechslung, Abenteuer und Sex erklären? Von Interesse ist in diesem Zusammenhang auch die Gegenüberstellung des Klischees "gefügige Asiatin - emanzipierte Europäerin", der in einigen Überlegungen zur Sexualität (Kap. V) näher nachgegangen werden soll.

Dieses Buch soll aber nicht in der Analyse stecken bleiben. Im letzten Kapitel sollen konkrete Überlegungen angestellt werden, was wir angesichts der zunehmenden weltweiten Ausdehnung des Prostitutionstourismus tun können.

I Das Klischee der »Asiatin« in den Medien

Seit Anfang der 70er Jahre, mit Beginn des Massenferntourismus, wurde in Medien und Werbeträgern in der BRD ein bestimmtes Klischee der Südostasiatin aufgebaut. Am häufigsten beziehen sich die Aussagen auf Thailänderinnen, daneben auch auf Filipinas und weniger häufig auf Frauen aus anderen südostasiatischen Ländern wie Vietnam, Indonesien und Malaysia. Verallgemeinernd wird jedoch in der Regel über "die Asiatin" geschrieben, über "die Frau aus dem Fernen Osten". Durch dieses Klischee, dessen Elemente im folgenden ausführlicher dargestellt werden sollen, wurde Südostasien, vor allem aber Thailand, sexuell motivierten Touristen als Reiseziel bekannt. Die Erwartungshaltung von männlichen Touristen oder Männern, die mit dem Gedanken spielen, eine Südostasiatin zu heiraten, wurde durch die Darstellung Thailands und "der" Asiatin in den Medien stark beeinflußt. Geprägt wurde aber auch allgemein die öffentliche Meinung in der BRD, einem Land, in dem heute viele Frauen aus Südostasien leben müssen.

Zum Klischee Thailands und der Thais

'Land der Freien', 'Land des Lächelns', 'Land der Tempel und der schönen Mädchen', 'fernöstliche Märchenwelt mit exotischen Sitten und Gebräuchen', 'Land der meisten Gewaltverbrechen', 'Bangkok, Stadt der Engel', 'Venedig des Ostens', - so wird Thailand dargestellt.

> "Wenn es irgendwo auf der Erde wirklich ein Land des Lächelns gibt - kein Zweifel, dann muß Thailand gemeint sein. Die Bewohner sind freundlich; sie lächeln den halben Tag lang. Sehen sie einen Fremden - schon lächeln sie." (Touropa Urlaubsberater Thailand 1974, 3).

Die Thais werden als 'liebenswürdiges Volk mit jahrtausende alter Kultur' beschrieben (Touropa Fernreisen 1983/84, 40). Thailändische Höflichkeit wird vielfach gerühmt; im Spiegel wird allerdings berichtet, daß diese Höflichkeit den rücksichtslosen Touristen gegenüber zu ermüden beginnen. Eine Reiseleiterin wird zitiert:

> "Jetzt verlieren sie ihren Charme und werden ordinär - das haben sie von den Touristen gelernt." (Spiegel 1974)

Auch die Gastfreundschaft ist eine Eigenschaft, die den Thais zugeschrieben wird, nicht nur in Reiseprospekten und Reiseführern, sondern beispielsweise auch in den Pornomagazinen:

> "Thailand ist ein Land, wo der Wind warm und die Frauen heiß sind. Dort bieten exotische Schönheiten ihre Schösse den lebensfrohen Touristen an. Die Gastfreundschaft ist groß und die Menschen haben gelernt, nach dem milden Klima zu leben." (Teenager Thai Sex 1984, 2)

Nicht selten werden die Thais als Gegensatz zu den Europäern dargestellt, vor allem wegen deren Hektik. Beispielsweise im Reiseführer 'Zwei Wochen in Fernost':

> "Die Asiaten weichen lieber aus, lassen Dinge laufen, wollen sich nicht exponieren, haben Angst, Unwissenheit zu zeigen, warten ab, haben keine Eile, haben oft überhaupt keinen Zeitbegriff und finden unsere Hast und funktionelle Grobheit lächerlich oder anstößig." (Boller 1980, 43)

Eine weitere häufig erwähnte Eigenschaft ist Toleranz.

> "Die für ihre Toleranz bekannten Thais kann kaum etwas erschüttern, weil sie für alles Verständnis aufbringen. Falsches Parken, Diebstahl, Ehebruch, dazu zu mitternächtlicher Stunde, Brandstiftung, Korruption, Glücksspiel, Schmuggel und andere Vergehen sind zwar 'unerfreulich', lassen sich aber nicht immer verhindern." (Bunte 1972e, 7)

Auch von Gewalt in Thailand wird berichtet und diese als Gegensatz zu den anderen thailändischen Charakteristika dargestellt.

> "Der Staat, den Europas Reiseveranstalter den Touristen als Paradies exotischer Liebenswürdigkeit, Sanftmut und Heiterkeit anpreisen, als Märchenland der Blumen und Tempel, der willigen und billigen Mädchen und der freundlichen Männer dieses Glamour-Reichs, erlebt heute eine unerhörte Explosion von Gewalt." (Spiegel 1976b, 83)

Dazu wird das Hongkonger Magazin 'Asiaweek' zitiert:

> "Thailand (...) ist innerhalb von drei Jahren eine der gewalttätigsten Gesellschaften Asiens geworden." (ebenda)

Bei diesem Spiegel-Zitat werden exotische Liebenswürdigkeit, Sanftmut und Heiterkeit auf Thailand allgemein bezogen. In der Regel sind dies die Attribute der thailändischen bzw. allgemein der südostasiatischen Frauen.

Das Klischee der"Asiatin"

Wenn von Südostasien die Rede ist, dann häufig mit dem Hinweis auf die schönen Mädchen. Statt 'schön' wird gelegentlich auch 'wunderbar' oder 'bildhübsch' verwendet, z.B. "Ein Platz an der Wintersonne - Thailand, eine Weihnachtsreise ins Land der schönen Mädchen" (Quick 1975c, 16). Oder:

> "Traumreise Philippinen. Inseln der herrlichen Stände, der Gastfreundschaft und der schönen Mädchen." (Praline 1984, 16)

Ersetzt oder ergänzt werden 'schön', 'wunderschön', 'bildhübsch' gelegentlich auch durch Adjektive wie 'reizend', 'zauberhaft', 'bezaubernd', 'faszinierend':

> "Fliehen Sie doch einfach in die Sonne Asiens - einsame Strände, zauberhafte Mädchen (...) Bangkok ist die Stadt der schönen Mädchen." (Quick 1977b, 94)

Liebreiz, Charme und Anmut gehören auch zum Bild der Asiatin:

> "Junggesellen sollen auf der Hut sein. Die Thaimädchen sind wirklich von unbeschreiblichem Liebreiz." (Quick 1971e, 21)

Eng damit verbunden ist in den Beschreibungen die Exotik - verlockende Fremdartigkeit, fernöstliche, geheimnisvolle, tiefdunkle, unergründliche Augen - und mit der Exotik verknüpft - das Abenteuer:

> "Welcher Mann hat nicht schon einmal davon geträumt: er geht auf Weltreise ... Und dann bringt er ein Mädchen aus der Südsee mit. Eine exotische Schönheit ...". (Quick 1971e, 21)

> "Sie ist 19 und blickt mit stets staunenden dunklen Mandelaugen in die fremde schwäbische Umwelt von Geislingen an der Stiege. Die frischgebackene Frau Rachel Flemm lächelt glücklich, aber auch ein bißchen asiatisch unergründlich." (Quick 1979, 45)

Eine andere Variante:

> "Faszinierend, dieser Regenbogen der Rassen, verkörpert durch Asiens schönste Mädchen ... Erregend das brillante

Mosaik fernöstlicher Feste ...". (Werbung der 'Singapur Airlines', in: Spiegel 1972)

Auch im Spiegel findet der Leser Beispiele für die Exotik der Asiatinnen:

"Wieder anders erging es einem Schweizer namens Fritz mit einer aus Thailand eingeflogenen Ehefrau, Orchidée. In seinem Büro wurde er von der Feuerwehr alarmiert, weil die Thaifrau zu Hause auf dem Perser über einem offenen Reisigfeuer Bananen geröstet hat." (Spiegel 1973b)

Auch in Thailand gibt es Elektrizität, wenn auch nicht in allen Landesteilen. Und auch Thais wissen, daß Teppiche brennbar sind!

Von Samthäutigkeit ist bezüglich der Asiatinnen häufig die Rede (vgl. z.B. Uhse/Versandkatalog o.J., 58). Aber nicht nur die Haut der Asiatinnen, auch ihre Augen sind angeblich samthäutig (vgl. Uhse/Versandkatalog o.J., 27). Die Samtäugigkeit ist keineswegs ein versehentlicher Fehler; auch im Stern (1971b, 62) heißt es:

"An ihrer Seite (der Touristen, S.L.) bewegt sich eines dieser braunhäutigen Geschöpfe mit großen samtenen Augen und tiefschwarzen Haaren."

Ginge nicht aus dem Text eindeutig hervor, daß hier tailändische Frauen gemeint sind, könnte man ein Tier im Zoo vermuten.

Die mit am häufigsten genannte Eigenschaft ist das Lächeln, in der Regel wird es mit lebenslustig, glücklich, heiter und unbeschwert gleichgesetzt.

"Ein Mädchen, ein schönes Mädchen, ein Lächeln und dieses Lächeln am frühen Morgen. Du servierst Kaffee in himmelblauen Tassen 8000 m hoch in einem Superjet. Du verzauberst die Welt im Fluge. Stewardess Du heiteres Wesen in Deinem Sarong/Kebaya. Du Mädchen der Singapur Airlines." (Werbung der 'Singapur Airlines", in: Stern 1972b)

Im Stern (1971b, 62) heißt es:

"Den Mann aus Deutschland erwartet in Bangkok das Paradies. Bereits im Lächeln der Mädchen findet er die Antwort auf all seine Wünsche."

In Quick (1976b, 14):

"Gewisses Lächeln. Bangkoks Mädchen verführen mit Blicken."

Quick (1971d, 38):

"'Möchten Sie mit mir baden, bitte schön?' Diese Frage, mehr gehaucht als gesprochen, klingt wie das Zwitschern eines Vogels. Dazu ein Lächeln, das bezaubert."

Die Asiatinnen werden als sanft, anschmiegsam und zärtlich beschrieben.

"Doch wie verwandelt ist der Herr aus Schwaben am dritten Tag. Wie still und verklärt ist er geworden. Die schöne sanfte Siamesin muß das vollbracht haben." (Stern 1971b, 62)

Quick (1972a, 16), Reisetip:

"Bangkok mit seinen goldenen Pagoden und sanftmütigen Mädchen bietet Transeuropa für 895 DM an."

Quick (1974a, 71):

"Im Flugzeug nach Bangkok berichtet ein Mann, warum er dort hinfliegt. 'Ich habe dort eine Freundin, ein anschmiegsames Klammeräffchen."

Praline (1973e, 9):

"Sie entkleidete mich behutsam und zärtlich."

Es wird behauptet, die Asiatinnen seien zum Dienen erzogen und verwöhnten und umsorgten gerne Männer. Häufig sind dies Anspielungen auf sexuelle Dienstleistungen. So finden sich im Stern (1975, 69) Rezeptetips mit thailändischen Gerichten, mit dem Bild von jungen Mädchen: "Frauen, die wissen, was gut tut".

"17 Tage Bangkok: Diese Stadt am Golf von Siam hat nicht nur auffallend hübsche Mädchen, die die Urlauber verwöhnen. (...)
Sehr zu empfehlen ist der Besuch eines Badehauses, in dem Sie von wunderschönen Thai Mädchen verwöhnt werden (...). Der Besuch lohnt sich, denn die Asiaten haben die Massage zu einer hohen Kunst entwickelt." (Praline 1972h, 29)

Quick (1971d, 38):

"Das Massieren haben in Thailand, in ganz Asien, alle Mädchen von Kindheit an zu Hause gelernt. Wenn die Männer - Väter, Brüder, Söhne von der Arbeit nach Hause kommen, lassen sie sich von den Frauen pflegen. Jeden Abend, und die Frauen tun diese Arbeit gerne. Sie empfinden sie nicht als lästige Pflicht."

Quick (1975a, 63):

> "Immer mehr deutsche Männer heiraten Mädchen aus dem fernen Osten. Heinz Leich bezüglich seiner indonesischen Frau: 'Wenn man so einen aufreibenden Beruf hat wie ich, dann ist es besonders wichtig, daß man eine hinreißende Frau, Daphne, hat. Sie umsorgt mich mit rührender Hingabe."

Hier wird es ganz offen ausgesprochen: die Frau gehört ins Haus, für den Mann ist der Beruf wichtig.

'Hingabe' ist ebenfalls ein immer wiederkehrender Begriff, wenn es um südostasiatische Frauen geht. In der Quick (1974a, 62) wird ein Reiseleiter zitiert:

> "Hier sind alle Mädchen, ob käuflich oder nicht, gleichbleibend sanft, fröhlich und hingebungsvoll."

Die Asiatinnen sind, so wird behauptet unkompliziert, problemlos, natürlich. Eddie Wollner, 48, in Quick (1974a, 71) beschreibt die thailändischen Frauen so:

> "Bei uns in Deutschland, da sollen sie von den Mädchen hier lernen. Die quasseln nicht rum und machen Probleme, wo gar keine sind. Bei uns ist das Verhältnis von Mann und Frau total vermurkst. Hier ist alles so schön herzlich und natürlich."

Die asiatischen Frauen werden unterwürfig und gehorsam dargestellt:

> "'Ich bin dein Eigentum. Du bist mein Herr', sagte sie." (Praline 1973e, 9)

In der Quick (1979, 44) steht im Artikel 'Suche Ehefrau - gehorsam, willig und immer bereit':

> "Sie akzeptiert, daß ich der Herr im Haus bin (...) Sie ordnet sich ganz unter und will auch nicht alleine ausgehen."

> "Oberstudienrat Peter Roepstorf, 20 Jahre älter als seine Ehefrau, sagt über sie: 'Sie strahlt viel Liebe aus. Und sie akzeptiert mit Selbstverständlichkeit, daß ich als Mann mit allem die letzte Entscheidung habe. In meinem Kollegenkreis an der Schule gibt es Männer, die neidisch auf mich sind."

Die asiatischen Frauen sind kindlich, klein, zierlich; häufig werden junge, gar "blutjunge", als naiv dargestellte Frauen erwähnt.

"Der drahtige Günter nimmt gerührt sein Frauchen aus dem Land der 7107 Inseln (Philippinen, S.L.) in die Arme. Die Kleine aus dem Fernen Osten sah den ersten Schnee ihres Lebens und fror jämmerlich. (...) 'Ich möchte zwei Kinder haben', piepste sie in drolligem Englisch der Filipinos. 'Ich liebe meinen Mann und möchte immer bei ihm bleiben.'" (Quick 1979, 44)

'Geschöpf' ist ein Begriff, der sehr häufig für Südostasiatinnen gebraucht wird, oder sie werden 'Wesen' genannt; aber auch andere Begriffe aus dem Tierreich werden verwendet, wie z.B. 'Täubchen', 'Siamkatzen', 'Paradiesvögel' u.ä.

"Im letzten Jahr wurden mehr als 50 Ehen zwischen deutschen 'Jumbo-Touristen' und Thai-Täubchen geschlossen. (...) Freilich nicht jeder Freier findet seine 'Silvermoon' und nicht jede 'Morgenräte' ihren Fritz - manche Siamkatze landet hernach in den Kleinanzeigen, beispielsweise (...): Thai Mädchen demütig 8817750 Massage." (Spiegel 1973b)

"Eigentlich war der Lehrer Klaus Karsten aus Ulm nur wegen der Kunstschätze nach Bangkok gefahren. Doch dann kam alles ganz anders. Schuld daran war ein mandeläugiges, braunhäutiges Geschöpf mit Namen Sianki." (Quick 1971d, 38)

"Wie wird ein solches Geschöpf wohl in der Liebe sein?" (Praline 1973e, 9; der Ausdruck 'Geschöpf' wiederholt sich häufiger noch im Text).

In der Quick (1974a, 71) wird ein Reiseleiter zitiert:

"Neben so einem Geschöpf kann man sich noch als Mann stark fühlen. Auf Schritt und Tritt drängen sich die dunkelhaarigen Geschöpfe (...) an mich heran und fragen in gebrochenem Deutsch: 'Du Deutscher? Du bumsen?'"

Quick (1979, 64):

"Sein Frauchen Socorro (21) leidet noch heute, nach mehr als zwei Jahren Ehe in Deutschland, gewaltig unter Heimweh. 'Manchmal denke ich, ich hätte ein Stück Wild eingesperrt', sagt Oskar Heilmann nachdenklich. Seine blutjunge Frau (...)

Hier ist von Heimweh die Rede, an anderer Stelle, dagegen soll der Eindruck geweckt werden, asiatische Frauen fühlten sich sehr wohl in der BRD.

"Vieles ist fremd für die Mädchen aus Thailand. Doch Heimweh haben sie trotzdem nicht. Auch Marli möchte in Deutschland bleiben." (Quick 1971d, 38)

Seltener, wenn asiatische Frauen als mögliche Heiratspartnerinnen für Europäer beschrieben werden, wird darauf hingewiesen, daß die asiatischen Frauen gute Hausfrauen und auch kinderlieb seien.

> "Sie sind sanft, anschmiegsam und finden es wundervoll, Kinder zu erziehen, den Mann zu verwöhnen und Hausfrau zu sein, die mandeläugigen Mädchen Südostasiens. Und je heftiger bei uns über Emanzipation diskutiert wird, um so mehr schwärmen deutsche Männer von den Vorzügen sanftmütiger Frauen." (Quick 1975a, 63)

> "Regierungsamtmann Schulz (40) berichtet über seine philippinische Frau Elisabeth (18): 'Sie ist eine gute Mutter und außerdem sehr sparsam'; über eine andere asiatische Ehefrau wird ausgesagt: 'Den Haushalt macht sie prima, sie ist anschmiegsam und hat heißes Blut." (Quick 1979, 44)

Asiatische Frauen gelten als erotisch, leidenschaftlich, verführerisch, nicht prüde, freizügig. Auch die angebliche Natürlichkeit spielt in diesem Zusammenhang eine große Rolle. Touropa Urlaubsberater Thailand (1974, 4):

> "Und die Herren aus dem Westen? Tempel sagen die und Krawatten. Auch Bestecke sollen sehr preiswert sein. Und sonst? Da grinsen die Herren aus dem Westen. Sie haben schon so viel gehört von den samtenen Thaimädchen."

> "'In Thailand ist die Liebe etwas Natürliches, da gibt es keine Tabus', sagte Sianki. 'Ich liebe Dich und werde alles für Dich tun.' Sie schien meine Wünsche zu erraten und brachte mich immer wieder zum Höhepunkt, die ganze Nacht hindurch." (Praline 1973e, 9)

> "Die Thaimädchen sind wirklich von unbeschreiblichem Liebreiz, gar nicht prüde und Sex ist für sie die natürlichste Sache der Welt." (Quick 1971e, 21)

> "Manfred L., Maschinenschlosser, kam vom Urlaub zurück und wurde beneidet, weil er so schön erzählen kann, daß er sich in Bangkok ein bezauberndes Thaimädchen über eine Agentur gemietet hat und daß die süße Kleine immer für ihn da war - fünf Tage und fünf Nächte. 'Die konnte Kunststücke, mein Lieber', schwärmt Manfred jedem Arbeitskollegen vor und geht ins Detail." (Quick 1972b, 53)

Asiatinnen gelten als Künstlerinnen der 'Liebe', z.B. im Uhse/Versandkatalog (o.J., 58):

> "Mandeläugige samthäutige Asiatinnen kennen es seit Jahrhunderten: das köstliche Geheimnis der 'goldenen Geisha Kugeln'."

> "Sihara weiß alles darüber, wie ihr sonnenschimmernder Körper am besten und liebsten geniessen will ... Ihre Bereitschaft ist natürlich und selbstverständlich." (Teenager Thai Sex 1984, 3)

Nicht das Geld, so wird behauptet, ist für die Asiatinnen entscheidend, wobei die Texte häufig nicht erkennen lassen, ob es sich um käuflichen oder nicht-käuflichen Sex handelt.

> "Eine Gefährtin für die Tage und Nächte in Bangkok. Es ist keine Frage des Geldes allein. Entscheidend ist, ob das Mädchen ihn mag, ob es ihn freundlich und umgänglich findet." (Stern 1971b, 64)

Im Pornomagazin 'Exciting' (1983) steht über eine Philippinin, die in der Geschichte einen Amerikaner geheiratet hat:

> "Denn die bildhübsche Exotin ('aus dem Slum von Manila') war nämlich - so eigenartig und weltfremd dies in einer materialistischen, geldgeilen Welt klingen mag - mehr an seinem dicken, potenten Schwanz interessiert als an seinem fetten Bankkonto."

Hinsichtlich der Treue und vorehelichem Geschlechtsverkehr ist das Bild der asiatischen Frauen in Medien und Werbung weniger eindeutig.

> "Über Smelda aus Manila (...) wird gesagt, sie sei 'streng katholisch' und wünscht sich 'einen Mann fürs Leben'. Und wenn sie ihn erst gefunden hat, den Richtigen, dann ist sie zu jedem Spiel bereit." (Quick 1971b)

> "Auf den Philippinen würde sich kein Mädchen mit irgendeinem jungen Mann so einfach verheiraten lassen. Die Mädchen wollen schon vor der Ehe wissen, ob sie sich mit einem Partner fürs Leben vertragen - im Alltag, aber auch in der Liebe." (Praline 1972e, 42)

Asiatische Frauen werden häufig in Abgrenzung oder als Gegensatz zu europäischen Frauen dargestellt. In dem Artikel 'Sind Ausländerinnen besser im Bett?' (Praline 1971a) erzählt ein Deutscher, der eine Asiatin geheiratet hat:

> "Irgendwie steht sie unserem Prestige und Leistungsdenken mit viel größerem Abstand gegenüber als eine Deutsche."

Quick (1974a, 71):

"Christina (19), die mit ihrem Mann Martin (32) ihre Flitterwochen im fernen Osten verbracht hat, gesteht: 'Mir ist dort bewußt geworden, daß wir zwar nicht weniger schön sind als diese Mädchen, aber viel eckiger im Auftreten. Wenn ich nach Hause komme, werfe ich erstmal alle meine Kleider weg. Ich versuch's mal wieder ein bißchen fraulicher."

Quick (1979, 44):

"Warum Peter Roesplaf eine Philippinin heiratet: er suchte eine Frau, die nicht zum Widerspruch, zum Protest und purem Materialismus neigte. Eine, bei der Charme und Weiblichkeit nicht verlorengegangen waren und die ganz altmodisch für ihren Mann da sein sollte."

"Uschi Hof (...) glaubt zu wissen, woher der Ansturm kommt: 'In Deutschland, bei der Emanzipation und all dem können die ja mit einer Frau nicht mehr das anfangen, wie hier in Thailand, wo die Frau dem Mann völlig untertan ist. Hier können die noch mal richtig Mann markieren." (Spiegel 1974)

In Quick (1975a, 63) wird von einem deutschen Mann berichtet, der in Thailand geheiratet hat und dort mit seiner Familie lebt. Über seine Frau sagt er:

"Sie besitzt viel Wärme und das Verständnis einer reifen Frau. Und sie weiß, daß man bei einem Mann alles erreichen kann, wenn man sanft, anschmiegsam und nachgiebig ist. Die aggressiven, emanzipierten Frauen der westlichen Welt sollten sich bei den Frauen des Fernen Ostens ruhig mal eine Scheibe abschneiden."

Über seine Familie sagt er:

"Das hektische leistungsorientierte Leben in Europa ist ihnen völlig fremd."

Eine weitere Behauptung ist, daß die Asiatinnen deutsche Männer wollen.

"Auch die Mädchen aus Thailand finden deutsche Männer erotisch und verlockend. 'Die Mädchen bei uns sind verrückt nach deutschen Männern', gesteht Suzie, Empfangsdame im Hyat-Hotel (...) Denn die deutschen Männer sind so stark und zärtlich. Ich glaube, jedes Thaimädchen sehnt sich nach einem exotischen deutschen Mann und würde alles für ihn tun." (Praline 1973e, 9)

Und Karl Schupfer (Heiratsvermittler) meint dazu:

"Zu viele Mädchen vom Inselreich am Pazifik (Philippinen, S.L.) suchen einen deutschen Mann und Ernährer, so daß

> auch Körperbehinderte und Opas eine Chance haben. Oft sogar eine hübsche und gutgewachsene Chance." (Quick 1979, 44)

Er berichtet von Tausenden von 'heiratslüsternen Mädchen', die ihm schreiben würden.

Das Klischee der asiatischen Prostituierten

Häufig ist den Darstellungen nicht zu entnehmen, ob es sich um Prostituierte handelt oder um nicht-käufliche 'Liebe'. Es gibt jedoch typische Aussagen über die Prostituierten, die ich ebenfalls anhand von Beispielen nennen möchte. Das Klischee der asiatischen Prostituierten wird hauptsächlich in den eher 'harten' Materialien aufgebaut, in den Pornomagazinen, den Stadtplänen für Männer und in einigen Reiseführern.

> "(...) das Lächeln der Mädchen, so beständig, die Mädchen so willig und billig als wär's ein Stückchen Paradies." (Quick 1975b, 40)

Nicht selten wird darauf hingewiesen, daß es ganz junge Mädchen gibt und wo es sie gibt (z.B. im "Stadtplan für Männer", Bangkok o.J.). Aber wenn auch jung, so sind sie doch erfahren und 'gut' im Bett.

> "Und er suchte keine alte Nutte, sondern junges, frisches Mädchenfleisch sozusagen, erste Wahl gleich nach der ersten Menstruation, wo in Thailand die sexuelle Reife beginnt. Pedro war scharf auf sowas. Wer ist das nicht? Und er fand eine, die war richtig! Und wenn sie auch wirklich sehr jung aussah, ganz unerfahren war sie nicht!" (Thai Lolitas Nr. 5, o.J., 3. Bildgeschichte)

Im Reiseführer 'Käufliche Liebe in Südostasien' (Terzieff, o.J., 100) finden sich folgende unglaubliche Legitimierungsversuche:

> "Interessanterweise waren gerade die Mädchen, die ich nach ihrer körperlichen Entwicklung für jünger als 14 Jahre eingeschätzt habe, im Durchschnitt orgasmusfähiger als die 14- und 15-jährigen. Mädchen, die ich eher auf 11 oder 12 Jahre eingeschätzt habe, kamen sehr viel schneller zum Orgasmus als die 14-jährigen (...) Diese Feststellung straft Leute Lügen, die behaupten, Kinder, und insbesondere Mädchen, könnten vor ihrer Pubertät keinerlei sexuellen Gefühle entwickeln und sie seien daher von sexuellen

> Dingen fernzuhalten. Diese Lügen sind wohl nur zur Unterdrückung der Kinder in der Welt gesetzt worden."

Gelegentlich taucht die Behauptung auf, die Prostituierten seien von ihren Müttern in die Geheimnisse der 'Kunst des Liebens' eingeweiht worden.

> "Schon mit 13 fing sie an. Damals waren noch Amerikaner da. Die zahlten gut und waren besonders geil auf junges Fleisch. Damals hatte ihre Mutter ihr alles beigebracht, alle Tricks, die man kennen muß, wenn man im Bett sein Geld verdienen will." (Thai Lolitas Nr. 6, o.J., 1. Bildgeschichte)

Häufig heißt es, nicht unbedingt nur auf Prostituierte bezogen, 'Lieben' sei eine religiöse Tätigkeit.

> "Ja, die Religion ist ... ganz anders. In ihr spielt Sex zwar auch eine Hauptrolle wie bei uns, aber eine positive, die sexuelle Betätigung ist deswegen eine Art Gottesdienst." (Thai Lolitas Nr. 5, o.J.)

Im selben Heft (1. Bildgeschichte):

> "(...) es sollte alles auf ihren Bauch und in ihre Mösenhaare kommen. Sicher war sie in dieser Beziehung abergläubisch. Es war so etwas wie ein Opfer für die Götter, das sie uns abverlangte. Und wir taten es gern."

Für Prostituierte gibt es 'Spezialausdrücke' wie z.B. 'Lotosblüten der flüchtigen Liebe' (Stern 1971b, 62). Die Prostituierte ist gerne Prostituierte, so wird behauptet. Sogar Liebesgefühle sollen geweckt werden.

> "Bei der Anmut vor allem fernöstlicher Frauen kann es vorkommen, daß man sich ein wenig verliebt oder sogar, daß man trotz Geldes auch gern gemocht wird. Verläßt man die Gegend, bekommt die Geliebte auf Zeit ein großzügiges Abschiedsgeschenk und man sagt ihr mit starkem Ziehen in der Magengegend leise 'Servus'. (...) Der Kontakt zu Freudenmädchen, wenn man sie lieb behandelt, kann emotional sehr aufbauend sein." (Cannaire/Himmelseher 1980, 199; es handelt sich hierbei um einen 'alternativen' Reiseführer: 'Anders Reisen. Tips und Tricks, Tramps und Travellers')

Häufig wird die Prostitution in Südostasien in Abgrenzung oder als Gegensatz zur Situation in Europa dargestellt. Ebenfalls bei Cannaire/Himmelseher steht zu lesen:

> "Es hängt von der Art der Annäherung ab, ob es Nutte und Freier möglich ist, menschlich miteinander umzugehen. In Europa ist das selten geworden, das Stoßgeschäft

läuft brutal, kaufmännisch und gefühllos. In Südostasien, im pazifischen Raum oder in der Karibik kann man käuflichen Sex freundlich, heiter und wirklich erotisch erleben." (ebenda, 199)

Den großen Unterschied zwischen asiatischen und den westlichen Prostituierten will Terzieff (o.J., 93) so darstellen:

"Während die westlichen Prostituierten ängstlich bemüht sind, sexuelle Erregungen bei ihrer Tätigkeit zu unterdrücken und daher ihre Kunden ständig zur Eile ermahnen und solche Erregungen, wenn sie doch einmal auftreten sollten, als 'Betriebsunfall' bezeichnen, was verständlicherweise über kurz oder lang zu einer schizophrenen Einstellung zur Sexualität überhaupt führen muß und damit zu den bei Prostituierten häufig beobachteten spießbürgerlichen Klischees, die meist Folge der durch Kompensation des schlechten Gewissens entstandenen Überanpassung interpretiert werden, bleiben die thailändischen Prostituierten bei ihrer Tätigkeit mit sich eins, denn sie unterdrücken ihre eigene Sexualität nicht, sondern verhalten sich naturgemäß. Ihr Selbstwertgefühl leidet nicht."

Gelegentlich wird suggeriert, daß die südostasiatischen Frauen aufgrund seiner angeblichen Größe besonders begeistert seien vom Penis der Europäer. Auch die "Enge der fernöstlichen Paradieslöcher" (Exciting 1983, 1. Bildgeschichte) scheint nicht unbedeutend zu sein. Hier zeigt sich deutlich, daß der Mythos vom vaginalen Orgasmus der Frau immer noch lebt.

Das Klischee der asiatischen Männer

Wenn die Vorzüge Südostasiens, insbesondere Thailands, dargestellt werden, z.B. die Heiterkeit, Sanftmut, Liebenswürdigkeit, Exotik und Erotik, so werden sie, das wird bei näherer Betrachtung deutlich, weitgehend auf die Frauen bezogen. Die südostasiatischen Männer werden wesentlich seltener erwähnt. Wenn sie angesprochen werden, dann werden sie zwar nicht ausschließlich aber doch recht häufig sehr negativ dargestellt.

"Die Thai Mädchen (...) sehen die Touristen aus Europa gern, denn (der Schweizer Publizist Charles Floreal wird zitiert, S.L.) 'Thai Männer haben zu ihren Frauen ein Verhältnis wie der Bauer zur Kuh'. Sie lassen sie sitzen oder schuften, amüsieren sich allein oder mit Nebenfrauen, die sie mit Geschenken eindecken." (Spiegel 1973b, 106)

Kurz: nicht das Geld der Europäer bewirkt ihre Begehrtheit, sondern ihre Art des Umgangs mit Frauen, die im Gegensatz zu den Asiaten stehen soll. Bezogen auf die Philippinen sei ein Heiratsvermittler (Quick 1979, 44) zitiert:

> "Nun, es mangelt auf den Philippinen zwar nicht an Männern, aber doch an solchen, die Frau und Kinder ordentlich ernähren können. Die meisten leben von der Hand in den Mund (...)"

Hier zeigt sich deutlich die Ideologie vom Mann als Familienernährer.

> "Wer (...) zu den besser situierten Kreisen zählt, leistet sich mindestens eine 'Querida', eine Geliebte (...) Wen wundert es demnach, wenn die philippinischen Mädchen nach europäischen Männern Ausschau halten, die nach ihrerAAnsicht allesamt wohlhabend und treu sind, ihre Frauen nicht verprügeln und überdies dem Alkohol nicht verfallen sind." (ebenda)

Dieses negative Bild der asiatischen Männer taucht vor allem, aber nicht ausschließlich, im Zusammenhang mit dem Heiratshandel auf.

Das Klischee der Eurasierin

Auffallend häufig tauchte Anfang der 70er Jahre das Klischee der Eurasierin in verschiedenen Medien auf (vgl. z.B. Stern 1971a, 42 - eine größere Reportage über eurasische Frauen; vgl. auch Praline in den Serien 'Unsere Liebesgeschichte' und 'Dunkle Haut bei uns', die Anfang der 70er Jahre in der Praline erschienen und sich häufig auf eurasische Frauen bezogen; gelegentlich wird auch auf angeblich 'besondere' Vorzüge der eurasischen Männer hingewiesen).Ungefähr zur selben Zeit begannen auch die Touristen, Frauen aus Südostasien zu heiraten. Das Heiratsgeschäft mit Frauen aus diesen Ländern setzte ein. Da aus deutsch-asiatischen Ehen eurasische Kinder hervorgehen, ist es für Männer, die erwägen, asiatische Frauen zu heiraten, möglicherweise nicht uninteressant zu wissen, ob ihre Kinder anerkannt sein werden.

> "Die eurasischen Männer gelten als geschickt und intelligent. Unter den Eurasierinnen findet man die schönsten Frauen der Welt." (Stern 1971a, 44)

Im selben Artikel wird auch den eurasischen Frauen Intelligenz zugesprochen - dies ist die einzige Stelle in dem ganzen von mir gesichteten Material über Asiatinnen und Eurasierinnen in der Frauen Intelligenz zuerkannt wird:

> "Hohe Kolonialbeamte nahmen sich Eurasierinnen als Geliebte. Sie waren sauberer und gepflegter als die einheimischen Frauen. Sie waren nicht nur schön, sondern auch intelligent. Man konnte nicht nur mit ihnen schlafen, sondern sich auch mit ihnen unterhalten. Aber sie konnten keine Ansprüche stellen wie weiße Frauen." (ebenda)

Über eine Eurasierin steht zu lesen:

> "Sie würde gerne Europäerin sein, wie die meisten Eurasierinnen." (ebenda)

Weiter wird im selben Artikel behauptet, daß die Eurasierinnen, 'da sie so schön sind', von Männern sehr begehrt seien, aber auch leichter Gefahr laufen, ausgenutzt zu werden. Auch in der Praline (1972f, 14) kann man lesen:

> "Bei einer Meinungsumfrage in Deutschland stellte sich kürzlich heraus, daß die meisten Männer davon träumen, einmal mit einer Eurasierin zu schlafen. (...) Bei den Sexträumen der deutschen Männer stehen die mandeläugigen Mädchen (...) an der Spitze. Und diese Mädchen, die von anderen Frauen ihrer Schönheit wegen beneidet werden, müssen die Sexgier mancher Männer büßen. (...) Sie wagen sich nicht einmal allein auf die Straße."

Und Quick (1972c) berichtet in der Serie 'Alle Mädchen dieser Welt' von Miriam aus Malaysia:

> "'Am liebsten', gibt Miriam zu, 'würde ich einen Europäer heiraten.'" Ihre Kinder würden dann von Geburt an Vorteile genießen. Denn eurasische Männer sitzen in Malaysia in den höchsten Stellungen. Und 'eurasische Mädchen sind die schönsten Geschöpfe unter der Sonne', erkennt das Malaienmädchen Miriam neidlos an."

Die eurasischen Männer sind also angeblich besonders intelligent und geschäftstüchtig. Für die Eurasierinnen werden im großen und ganzen die gleichen Eigenschaften genannt wie für die Asiatinnen. Angeblich sind sie aber noch begehrter bei den Männern, noch hübscher und noch erotischer, so sehr, daß sie verstärkt auf männlichen Schutz angewiesen sind.

Zusammenfassung

Das Klischee der Asiatin wird konstruiert, indem kulturelle Andersartigkeiten isoliert aufgegriffen, aus den sozialen Zusammenhängen herausgerissen und verzerrt, verfälscht oder ungerechtfertigt verallgemeinernd wiedergegeben werden. Zum Teil wird auch einfach etwas erfunden. Nach dem Klischee werden die Frauen festgelegt auf reproduktive Tätigkeitsbereiche. Sie werden reduziert auf Dienstleistungsfunktionen für Männer. Die Darstellungen ihrer "Vorzüge" beziehen sich auf Äußerlichkeiten, häusliche Fähigkeiten, sexuelle Attraktivitäten und sexuelles Leistungsvermögen sowie emotional aufbauende Fähigkeiten. Geistige Qualitäten, produktive Fähigkeiten werden nicht erwähnt (abgesehen vom Kindergebären als produktiver Fähigkeit). Die Frauen werden verniedlicht, naiv und reduziert dargestellt. Dies wird als die "Natur der Frau" verkauft. Das Klischee der Asiatin ist rassistisch und sexistisch zugleich, denn den Frauen werden aufgrund ihrer Rasse- und Geschlechtszugehörigkeit reduzierende, diskriminierende Rollen zugeschrieben.

Anderes beinhaltet das Klischee des asiatischen Mannes. Hier kommt die Vorstellung von der angeblichen europäischen Überlegenheit zum Ausdruck, die sich - so das Klischee - in einem fortschrittlicheren, partnerschaftlicheren Verhältnis zwischen europäischen Männern und asiatischen Frauen zeigt. Diese Vorstellung hat durchaus Tradition. So wurde beispielsweise auch im deutschen Kolonialismus die brutale Unterwerfung der Afrikaner u.a. mit dem fortschrittlichen Umgang der Europäer mit den einheimischen Frauen gerechtfertigt (vgl. Mamozai 1983). Während bei den asiatischen Frauen ihre angebliche Natürlichkeit gepriesen wird und die Frauen damit vermarktet werden, ist die angebliche Natur des asiatischen Mannes schlecht, unzivilisiert, rückständig. "Der Asiate" verdient seine Frau eben nicht, deshalb müssen die Europäer kommen. Die angebliche europäische Überlegenheit der Männer wird als Rechtfertigungsgrund angeboten für Sextourismus und Heiratshandel.

Was hat die "unterwürfige Asiatin" mit der "emanzipierten Europäerin" zu tun?

Im Klischee werden die "Asiatin" und die "Europäerin" zu Gegensätzen stilisiert. Dem Bild der asiatischen Frau, die ihre einzige Aufgabe darin sieht, Mann und gegebenenfalls Kind zu verwöhnen, die keine eigenen Bedürfnisse hat, alles mit sich machen läßt und obendrein noch glücklich dabei ist, wird das Bild einer egoistischen, fordernden, aggressiven Europäerin gegenübergestellt, die hauptsächlich an Selbstverwirklichung aber wenig an Mann und Kindern interessiert ist. Auch von Frauen bekam ich in letzter Zeit häufiger zu hören: "Jetzt, da die Europäerinnen sich emanzipieren und sich nicht mehr alles gefallen lassen, weichen die Männer auf Frauen aus der Dritten Welt aus."

Unumstritten ist, daß sich die Situation von Frauen in der BRD und das Verhältnis zwischen Männer und Frauen seit den 60er Jahren gewandelt haben. Die Veränderungen in der Situation der Frauen in den letzten 20 bis 25 Jahren werden häufiger als fortlaufender Emanzipationsprozeß gesehen und in der Tat hat sich einiges für Frauen zum Vorteil entwickelt. Kinder und Küche werden heute weniger als alleinige Aufgabe der Frau betrachtet, Frauen sind in verschiedenen Bereichen des öffentlichen Lebens vorgedrungen, die lange Zeit allein Männern vorbehalten waren. Eine Frau, die heute nicht verheiratet ist, gilt nicht mehr zwangsläufig als "alte Jungfer". Frauen haben gewisse Wahlmöglichkeiten, ihr Leben zu gestalten. Scheidung ist anerkannter und geschiedene Frauen werden heute weniger gesellschaftlich geächtet. Die Berufstätigkeit von verheirateten Frauen wird häufig nicht mehr nur als "Zuverdienst" zum Einkommen des Ehemannes betrachtet sondern auch als Möglichkeit für die Frauen, zumindest ökonomisch unabhängiger zu werden und - dies ist natürlich abhängig vom ausgeübten Beruf - sich selbst zu verwirklichen. Auch der Umgang mit Sexualität hat sich verändert, Verhütungsmittel entlasten von der Angst vor einer ungewollten Schwangerschaft ebenso wie die liberalisierte Form des § 218. Dies sind alles Fortschrit-

te, die wir Frauen schätzen. Doch sollten wir auch die "Kehrseite" nicht vergessen.
Nach wie vor werden Frauen in unserer Gesellschaft grundsätzlich andere Funktionen zugewiesen als Männern. Frauen werden nach wie vor hauptverantwortlich für den privaten Haushalt, für die Kindererziehung, auch für das psychische Wohl des (Ehe-)Mannes gemacht. Frauen leisten einen Großteil der notwendigen Beziehungsarbeit und fühlen sich auch selbst stärker für das Funktionieren privater Beziehungen verantwortlich. Immer noch gelten die Männer als die Haupternährer von Frau und Kinder, sind Frauen weitgehend ökonomisch von Männern abhängig. Der Zugang zu gesellschaftlich wichtigen Bereichen und Entscheidungen wird ihnen wesentlich erschwert, teilweise sogar völlig versperrt. Auf den Frauen lastet die gesellschaftlich notwendige Arbeit, die nicht entlohnt wird, aber verbunden ist mit einem geringen Status. Verschleiert wird die Reproduktionsarbeit durch den Anspruch eines 'Liebesdienstes', der qua Definition schon nicht bezahlbar ist.

Frauen sind heute gebildeter als je zuvor, doch diese Errungenschaft relativiert sich durch die allgemeine Zunahme des Bildungsniveaus in unserer Gesellschaft. Zudem sind Frauen hauptsächlich in solchen Bildungs- und Ausbildungsbereichen zu finden, die sie weiterhin auf ihre weibliche Rolle festlegen. Aber gleiche Bildungschancen bedeuten noch lange nicht auch gleiche Berufschancen. Die von Arbeitgebern befürchtete "Schwangerschaftspause" führt dazu, daß Frauen für besser qualifizierte Tätigkeiten häufig nicht eingestellt werden. Hinzu kommt die gegenwärtige Beschäftigungskrise, in der das angeprangerte "Doppelverdienertum" insbesondere weibliche Beschäftigte dazu zwingen soll, ihren Arbeitsplatz für einen männlichen Familienernährer freizumachen.
Die Frauenerwerbstätigkeit hat sich prozentual von 1950-1980 nur geringfügig erhöht, auffällig verändert hat sich jedoch die Zusammensetzung der weiblichen Erwerbstätigen. Bildeten 1950 junge Mädchen und Frauen bis zur Eheschließung die Hauptgruppe der weiblichen Erwerbstätigen, so stellt heute durch die längeren Ausbildungszeiten und die nicht mehr zwangsläufi-

ge Berufsaufgabe bei der Eheschließung die Gruppe der verheirateten Frauen die Mehrheit der weiblichen Erwerbstätigen dar (vgl. Pust/Reichert/Wenzel 1983, 10ff.). Auffällig ist, daß sich die vorherrschende geschlechtsspezifische Arbeitsmarktstruktur verfestigt und weiter ausgeweitet hat, wenn auch einigen Frauen das Eindringen in männliche Beschäftigungsdomänen gelungen ist. 90% aller Arbeiterinnen in der Industrie sind an- oder ungelernt, nur 5-6% sind Facharbeiterinnen. Dagegen ist jeder zweite Arbeiter Facharbeiter. Ähnlich sind die Mißverhältnisse im öffentlichen Dienst. 1976 waren 9 von 10 Beamtinnen und weiblichen Angestellten im unteren oder mittleren Dienst beschäftigt (vgl. ebenda, 26f.).
Die Situation der verheirateten erwerbstätigen Frauen ist gekennzeichnet durch ihre Doppelbelastung. Daran hat auch die, wie allseits konstatiert wird, zunehmende Bereitschaft der Ehemänner, im Haushalt zu helfen, nichts geändert (s. hierzu auch die jüngst erschienene "Brigitte"-Untersuchung, die einen Anteil der tatsächlich mithelfenden Männer von unter 20% aller Männer angibt!). Pust/Reichert/Wenzel stellen sogar einen Mehraufwand bei der Hausarbeit fest: "Der wesentliche Unterschied gegenüber früher besteht darin, daß die Ausgestaltung des familiären Alltags auf einer bewußten Wahl der Individuen beruht und nicht mehr nur Befriedigung sogenannter Grundbedürfnisse wie Essen, Kleidung, Wohnen etc. ist. Damit gewinnen auch Tätigkeiten wie Kochen oder Wohnen eine über die Versorgung hinausgehende Dimension. Das bedeutet für Frauen und Mütter sowohl mehr Arbeit als auch mehr Befriedigung." (ebenda, 140f.). Ebenso ist die Kindererziehung wesentlich anspruchsvoller geworden. Es läßt sich nachweisen, daß Kindergarten (oder vergleichbare Einrichtungen) und Schule im vermehrten Maße die Mitarbeit von Müttern in Form von Hausaufgabenhilfe aber auch zur Kompensation des Schulstresses der Kinder beanspruchen. Der Schulstreß wird zum Mütterstreß (vgl. Enders-Dragässer 1980, 171ff.).
Von Männern (nicht nur Ehemännern) werden heute veränderte und gestiegene Ansprüche an Frauen gestellt. Pross stellte 1978 in ihrer Untersuchung fest, daß Männer geradezu Verhaltensänderungen von Frauen fordern. Von einem Großteil der 400 befragten

Männer wurde beklagt, daß ihre Lebensgefährtin nicht selbständig genug sei (Pross 1978, 83). Jedoch ist die Forderung der Männer nach mehr Selbständigkeit der Frauen nicht unbedingt gleichzusetzen mit der Forderung nach mehr Emanzipation der Frauen. Vielmehr schien es den Männern der Prossschen Untersuchung darum zu gehen, durch die Frauen von zahlreichen Aufgaben befreit zu werden, wie z.B. Amtsgängen, Kontakte zur Schule der Kinder, Einkäufe, Wohnungseinrichtung etc. "Ob zu unrecht oder nicht, hier wird nicht ein Mangel an häuslichen Tugenden im alten Sinn, sondern ein Defizit an modernen Eigenschaften moniert. Mangel an Verständnis für den Berufsbereich, für die nicht unmittelbar mit dem häuslichen Alltag verbundenen Aktivitäten." (ebenda, 92).

Verändert haben sich auch die Ansprüche an Sexualität, die für die Analyse der Gründe für den Sextourismus von besonderer Bedeutung sein dürften. In den patriarchalischen Gesellschaften wird die weibliche Sexualität durch eine Vielzahl von Mechanismen (Kult der Jungfräulichkeit, Medizin, Literatur und Sprache, Wunschproduktion und direkte Gewalt, z.B. in der Vergewaltigung) von den Männern kontrolliert. Das Bürgertum des 19. und auch des 20. Jahrhunderts teilte die Frauen in asexuelle Ehefrauen und Prostituierte ein. Das Geschlecht der Frau wurde dämonisiert, den Frauen andererseits die Möglichkeit sexueller Empfindung und Lust abgesprochen.

Diese Widersprüche patriarchalischer Doppelmoral haben sich in ihrem Ausdruck abgemildert. Die Trennung von asexueller Ehefrau und frei verfügbarer Prostituierten ist aufgelockert.

> "Die sexuelle Revolution ... schien vor allem die Männer von der Sorge zu befreien, ihre Sexualität bei Prostituierten oder mit der Ehe bezahlen zu müssen. ... Moderne Frauen werden unter Druck gesetzt, Sex schön zu finden, jedoch werden sie nicht gefragt, welche Art von Sex." (Meulenbelt 1981, 99)

Ein häufiger Kritikpunkt der Männer aus der Untersuchung von Pross lautete: "Sie hat zu wenig Freude an der Sexialität..." (ebenda, 92). Die Ehefrau/Frau muß heute Lust empfinden oder zeigen, um den Mann zu befriedigen. Diese Forderungen bzw. Zugeständnisse bieten Frauen allerdings auch Möglichkeiten, sich

ihren eigenen sexuellen Bedürfnissen bewußt zu werden.
Die Doppelmoral besteht fort. Nach Pross stimmten jüngere und ältere Männer darin überein, daß der Mann der Erobernde sein sollte, derjenige, der den Kontakt knüpft und die sexuelle Initiative ergreift. Nur 30% der befragten Männer verwarfen die Norm, daß Frauen in Sachen Sex abwartend bleiben sollten. Keine Seltenheit ist folgende Auffassung:

> "Die Vorstellung, daß eine Frau sexuell aktiv wird, ist absurd. Das wäre mir nie geschehen, da würde ich auf keinen Preis drauf eingehen, ich würde gleich denken, die macht es bei anderen auch so." (Pross 1978, 109)

Die Situation der Frau ist schizophren: Männer dürfen, Frauen nicht; wenn Frauen nicht wollen, sind sie prüde, wenn sie wollen, sind sie Huren.
Die scheinbare Liberalisierung der Sexualnormen, von Marcuse als "repressive Entsublimierung" bezeichnet, führte in den letzten 20 Jahren zu einer zunehmenden Vermarktung von Sexualität. Sex wurde zum billigen Massenkonsumtionsmittel. Ausdruck dessen ist die Behandlung der Frau in der Werbung, die Ausbreitung der Pornographie, das Aufblühen der Sexshops. Der Sexualakt wird technisiert, die Verlaufsform der Lust in Kurven vermessen. Der Mann erhält die Anweisungen, "Rücksicht" auf die Frau zu nehmen und seinen Orgasmus hinauszuzögern. "Aufklärungsbücher" und Pornographie bedienen sich eines militärischen, brutalisierten Stils. Als normale und einzige Form des sexuellen Umgangs gilt weiterhin die Penetration.

Diese "liberalisierte" Form der Sexualität, ihre Warenform ist Ausdruck der Entfremdung vom eigenen Körper, Ausdruck mangelnder Fähigkeit zum sexuellen Genuß im Zeichen der Macht und Kontrolle, die weiterhin über weibliche Sexualität ausgeübt wird. "Männer sind die Opfer ihrer männlichen Rollen, Frauen sind die Opfer dieser Opfer." (Alice Schwarzer)

Ein nicht zu unterschätzender Faktor mit schwerwiegenden Auswirkungen auf die Situation von Frauen in der BRD ist der Trend zur Vereinzelung. "Die Tatsache, daß die Industriegesellschaften die materielle Lebenssicherung von der unmittelbaren persönlichen Lebensgemeinschaft mit anderen getrennt wird, läßt die Person, die finanziell und sozial "allein steht", zur Grundfigur des Menschen der Moderne werden: tendenziell werden alle Mitglieder der Gesellschaft zu Alleinstehenden." (Gravenhorst 1983, 17) 30,2% aller Haushalte sind heute Einpersonenhaushalte und 70% davon bestehen aus alleinstehenden Frauen. Weitere 28,7% aller Haushalte sind 2-Personen-Haushalte. Die Ehe, deren Basis Gefühle sind, "von denen erwartet wird, daß sie ein Leben lang halten, inmitten einer verstandesorientierten Gesellschaft, die Gefühle weitgehend verachtet" (Wiegmann 1983, 59) ist instabil geworden. Heute wird jede dritte Ehe geschieden.

Das Bild der emanzipierten "Europäerin", die sich selbständig und freizügig, egoistisch und gefühlskalt in einer liberalisierten Umwelt bewegt ist ebenso scheinhaft und im Vergleich mit den realen Verhältnissen verlogen wie das Bild der "Asiatin". Beide bedingen sich und verstärken sich in ihrer Funktion, die Schuld für die unbefriedigende Lebenssituation und für die unbefriedigenden Beziehungen nicht in den gesellschaftlichen Strukturen und im patriarchalen Anspruch der Männer zu suchen. Die als Gegensatzpaar konstruierten Bilder rechtfertigen die regressiven Wünsche von Männern nach der abhängigen Frau und ihr Ausleben in Form von Sextourismus und Frauenkauf.

II Die Werbung für den Sextourismus

Reiseprospekte

Die beiden größten Reiseveranstalter in der BRD, Neckermann und TUI, werben beide in ihren Prospekten mit dem "bunten", "aufregenden", "abwechslungsreichen" Nachtleben in Bangkok und Pattaya. Pattaya, bis vor kurzem noch ein Fischerdorf in Thailand ist, seit es vom Tourismus entdeckt wurde, eines der Hauptzentren des Sexgeschäfts. In 'Neckermann Reisen' gibt es beispielsweise das "Prince Hotel" in Bangkok, 'das von Junggesellen bevorzugte Standard Hotel', ein 'Hotel' nur für Männer: "Wir möchten außerdem darauf hinweisen, daß das Hotel seit vielen Jahren von Alleinreisenden und Junggesellen" bevorzugt wird, aber "die Buchung von Einzelzimmern ist nicht möglich" (Neckermann Reisen 83/84, 42). Ein weiteres "einfaches Standardhotel, das ganz besonders für alleinreisende Herren geeignet ist", ist das 'Hotel Sunshine' in Pattaya. Auch hier werden die 'Ehepaare' und 'alleinreisenden Damen' in andere Hotels verwiesen (Neckermann Reisen 83/84, 50).

Diese Hotels, bei denen aus den Prospekten herausgelesen werden kann, daß es sich um Hotels mit sexuellen Dienstleistungen handelt, sind einfach ausgestattet. 7 Tage Bangkok inklusive Reisekosten gibt es bei Neckermann ab 1898 DM (vgl. Neckermann Fernreisen 1983/84, 10). Sexreisen müssen nicht teuer sein. Sie sind, sofern es eine einmalige Angelegenheit ist, für Männer aller Schichten aus einem Land wie der BRD möglich. Und Männer aller Schichten fliegen aus sexuellen Motiven nach Thailand.

Neckermann organisiert auch die Unterhaltung am Abend: "Unterhaltung am Abend: Nightclubs mit Programm und Discotheken. Hier berät sie unsere Reiseleitung am Ort. Massage ab. ca. 25 DM." (Neckermann Fernreisen 1983/84, 16) Einige Darstellungen im Prospekt, wie z.B. "atemberaubende Natur-

Schönheiten findet man in Fernost vielleicht häufiger als anderswo" (Neckermann Fernreisen 1983/84, 39), können von sexuell motivierten Touristen leicht zweideutig verstanden werden.

Auch TUI, der zweite der großen Reiseveranstalter in der BRD, wirbt indirekt mit billigem Sex:

> "Wenn Sie die Urlaubskasse nicht allzusehr belasten wollen (...) empfehlen wir die Buchung der Stadthotels. (...) Die Zimmer haben eine solide Ausstattung, sind jedoch in den meisten Fällen ohne besonderen Komfort. In der Regel sind sie besonders geeignet für alleinreisende Herren." (TUI Fernreisen 1984, 44)

Auch TUI hat in Pattaya ein "freizügiges Bungalowhotel" für "preisbewußte alleinreisende Herren" (TUI Fernreisen 1984, 44).
TUI und Neckermann werben mit der Exotik und dem Sex, auch wenn das Wort "Sex" nicht ausgesprochen wird. Der Kauf von Frauen wird nahegelegt.

Weitere Reiseprospekte sind unbedeutender aufgrund ihrer geringeren Verbreitung, ich möchte deshalb nicht ausführlich auf sie eingehen, da der Umgang mit der Problematik des Sextourismus nicht grundsätzlich anders ist. Geworben wird mit der Exotik, Hinweise auf das Nachtleben fehlen nicht (vgl. Jet-Reisen 1984, 20/21; Meiers Welt Reisen 1984, 25; Transair 1984, 177; Airtours 1984, 65). Auch bei Jet-Reisen (1984, 21) gibt es die 'von Junggesellen bevorzugten Häuser', bei Meiers Welt Reisen (1984, 27) wird unterschieden zwischen 'einem legeren Hotel mit freizügiger Atmosphäre' und 'einem sehr guten Hotel mit einer angenehmen Atmosphäre'. Lediglich Kuoni (1983/84) wirbt nicht mit dem Nachtleben, auch ist dort im Prospekt nicht die Rede von Hotels nur für Männer bzw. von den 'freizügigen Hotels'.

Die Reiseveranstalter organisieren nicht nur den Tourismus sondern auch den Prostitutionstourismus nach Thailand. Die Reiseprospekte tragen dazu bei, Thailand als Land des Prostitutionstourismus bekannt zu machen. Verantwortungslos wird den Touristen der Kauf von Frauen mehr oder weniger indirekt nahegelegt. Die schillernden Darstellungen Thailands und seiner Bevölkerung als exotisches Abenteuer fordern nicht die Verständigung zwischen Touristen und Einheimischen. Es fehlt jegliche Information über Hintergründe der Prostitution, Armut wird im Höchstfall beiläufig erwähnt. Auf die Probleme des Landes wird nicht näher eingegangen, die "Vorzüge" werden unrealistisch hervorgehoben. Die Reiseveranstalter wollen ihre Reisen verkaufen. Sie gehören zu den Hauptverdienern am Prostitutionstourismus.

Reiseführer

Einige Reiseführer verschweigen das Sexgeschäft oder es wird allenfalls kurz in einem Satz erwähnt. Der Tourist wird nicht darauf vorbereitet, was ihn in Thailand erwartet. Zu diesen Reiseführern zählt der Polyglott Reiseführer Bangkok (1979/80) sowie der Reiseführer 'Auf den Spuren Buddhas' von Helmut Uhlig (1982), der ausführlicher als andere die politischen und ökonomischen Probleme des Landes aufzeigt. Die Form der Darstellung ist in beiden Reiseführern eher sachlich gehalten, allerdings sehr oberflächlich. Die Probleme, die mit der Massenprostitution verbunden sind, werden nicht angesprochen und dadurch verharmlost.

Im Reiseführer 'Zwei Wochen in Fernost' (1980) wird das Sexgeschäft in Thailand ablehnend beschrieben. Der Autor W. Boller weist auch darauf hin, daß die Massagesalons aus der Zeit des Vietnamkriegs kommen (Boller 1980, 40). Aber auch dieser Reiseführer geht nicht auf die Ursachen der Prostitution ein. Negativ wird allerdings das Verhalten mancher Touristen insbesondere gegenüber den einheimischen Frauen in dem Kapitel 'Die jungfetten Deutschen' von H.W. Scheicher dargestellt. Den jungfetten Deutschen, die nach Scheicher in Thailand zum 'Symbol des Touristen' geworden sind, stehen 'die Asiaten' nach seinen Darstellungen ablehnend gegenüber (Scheicher in Boller 1980, 41). Die abwertenden Beschreibungen der 'jungfetten Deutschen' bieten männlichen Touristen die Möglichkeit, sich von diesen abzugrenzen, ihr eigenes Verhalten nicht zu hinterfragen und so die Verantwortung allein den

'jungfetten Deutschen' zuzuschreiben. 'Mann' kann immer noch von sich annehmen, grundsätzlich anders mit 'den Mädchen' umzugehen.
Diese Einstellung, die von Scheicher angedeutet wird, ist nicht untypisch, sie taucht immer wieder in den Medien auf.

Beispiele für Reiseführer, die mit dem Prostitutionstourismus werben, sind der Touropa Urlaubsberater Thailand (1974) und 'Südostasien selbst entdecken' von Treichler/Möbius (1984). Im Touropa Urlaubsberater Thailand (1974, 17) ist zu lesen:

> "Das Ferienland Thailand ist jung. Die Amerikaner haben es entdeckt, als sie nebenan Krieg führten. Damals schickten sie ihre Soldaten herüber nach Bangkok und an den friedlichen Südseestrand, um sie eine Urlaubswoche lang mit den lächelnden Thai-Mädchen spielen zu lassen. Die Amerikaner haben bei dieser Gelegenheit Pattaya erfunden - jetzt Thailands Badestrand Nr. eins."

Es fehlen Hintergrundinformationen über die Prostitution sowie über die Probleme des Landes überhaupt. Die 'Thai-Mädchen' werden als Spielzeug dargestellt, obendrein werden der Indochina-Krieg und seine Auswirkungen auf Thailand verharmlost. Das Sexgeschäft wird teilweise detailliert beschrieben und als Attraktion dargestellt. Die Verantwortung wird auf die Thailänder selbst abgeschoben: "Hauptsächlich für einheimische Klienten sind die hochmodernen Stundenhotels (...)". (Touropa Reiseführer Thailand 1974, 27)

In 'Südostasien selbst entdecken' wird das Sexgeschäft mit seinen Vor- und Nachteilen genau dargestellt. Vor dem resistenten Tripper wird gewarnt. Ein Artikel 'Der Not gehorchend' berichtet über die Armut auf dem Land und den Zusammenhang mit der Prostitution. Es wird behauptet, daß alle Prostituierten ihre Familien unterstützen. Der Sextourismus wird kritisiert. Diese Kritik kann jedoch nur zum Teil ernstgenommen werden, denn im selben Artikel ist auch zu lesen, Prostitution existiere seit undenklicher Zeit in jedem Land der Welt (vgl. Treichler/Möbius 1984, 111). Diese Fehlinformation ist nicht untypisch für die Informationen im Zusammenhang mit dem Prostitutionstourismus und kann als Versuch gesehen werden, die Verantwortung von sich auf die Thailänder zu verlagern. Daß der Reiseführer kein Interesse hat, die Touristen auf ihre Verantwortung hinzuweisen, zeigt sich auch durch den auf derselben Seite abgedruckten Leserbrief:

> "Im Grace Hotel Shop suchst Du Dir unter dem Riesenangebot ein nettes hübsches Mädchen und nimmst sie als Begleiterin mit auf Deine Thailandrundreise. Du mußt ihr lediglich Bus und Essen extra bezahlen, Hotelkosten hast Du ja auch, wenn Du alleine wärst. Du hast nun eine wertvolle Thai und Englisch sprechende Begleiterin, welche Dir hilft, eine Menge Geld zu sparen (...) Vergiss dabei nie: diese Mädchen haben auch ein Herz und sind wesentlich besser als ihr Ruf." (Treichler/Möbius 1984, 111)

Auch dieser Tip ist kein Einzelfall (vgl. die Auszüge des Südostasienhandbuchs von S. Loose, in: Tourismus- Prostitution- Entwicklung, 1983, 60).

> "Das Deprimierende an der ganzen Sache war, daß die numerierten Tänzerinnen im Durchschnitt 15- bis 17-jährige Mädchen waren, welche anhand ihrer gut sichtbar getragenen Nummer von fast durchweg schmierbäuchigen, nicht immer gerade nüchternen Männern hauptsächlich germanischen Ursprungs von dem Tanzpodest weggerufen wurden." (Treichler/Möbius 1984, 112)

Auch hier fällt die Distanzierung des Verfassers von den 'schmierbäuchigen, nicht immer gerade nüchternen Männern' auf, die ein Mittel sein kann, die Reflexion auf die eigene Lage zu schwächen (vgl. oben 'die jungfetten Deutschen'). Der Sextourist, der diesen Reiseführer liest, kann sich durchaus als eine Art 'Entwicklungshelfer' vorkommen, wird er doch darüber informiert, daß das Geld, das er an eine Prostituierte bezahlt, deren Familie zugute kommt.

Die unverantwortlichsten Reiseführer jedoch sind die allein für Männer bestimmten, wie z.B. 'Käufliche Liebe in Südostasien', ein Ratgeber für Sextouristen in Asien von Michael Terzieff. Seine Verbreitung ist möglicherweise nicht sehr groß, ich habe ihn nur vereinzelt in Sexshops gesehen, aufgrund des extremen Ausmasses an Fehlinformationen möchte ich ihn jedoch hier mit aufnehmen.
Terzieff beschreibt detailliert seine sexuellen Erfahrungen mit 500 südostasiatischen, überwiegend thailändischen Frauen. Er versucht dabei, den Männern jegliche Gewissensbisse zu nehmen. Die Armut als Ursache der Massenprostitution wird

bestritten:

> "Als Entschuldigung dafür, daß sie gerade keinen anderen Beruf ergriffen haben, geben sie ('die Prostituierten') ihre Armut an und die Schwierigkeit, eine andere Arbeit zu finden. Daß sie dieses Argument nur reproduzieren, zeigt die schon genannte Tatsache, daß sie einen repräsentativen Querschnitt durch die gesamte Mittel- und Unterschicht darstellen." (Terzieff o.J., 89)

Er behauptet weiter:

> "Prostitution war und ist ein traditioneller Bestandteil der thailändischen Sexualkultur." (ebenda, 18)

> "Die Prostitution ist tief in der thailändischen Tradition verankert." (ebenda, 116)

> "Prostitution hat es immer und überall gegeben." (ebenda, 13)

> "Prostitution ist an sich noch keine Ausbeutung der Frau durch den Mann. Lediglich die Tatsache, daß sowohl weibliche als auch männliche Prostituierte fast ausschließlich den Männern zur Verfügung stehen, zeigt die Benachteiligung der Frau." (ebenda, 13)

> "Die Kunden der Prostituierten sind fast ausschließlich Thailänder." (ebenda, 116)

Terzieff unterstellt den Prostituierten ein eigenes sexuelles Interesse als Grund für ihre Prostitution. Von der Heirat mit einer Asiatin rät er ab. Wie ich noch zeigen werde, ist keine der Behauptungen über die "Tradition" der Prostitution in Thailand haltbar.

Stadtpläne

Aus demselben Verlag - Monika Dülk Verlag, Berlin - wie 'Käufliche Liebe in Südostasien' kommen auch 'Stadtpläne für Männer'. Dem 'Stadtplan für Männer, Bangkok', dem einzigen außereuropäischen Stadtplan dieses Verlags, ist detailliert zu entnehmen, welche sexuellen Dienstleistungen wo und zu welchem Preis in Anspruch genommen werden können. Es fehlen auch nicht die Hinweise auf Einrichtungen mit besonders jungen Mädchen. Der Sextourist wird gewarnt vor Mädchen, die zum Gelddiebstahl neigen. Der Verfasser kennt sich aus. Den

Prostituierten bleiben folglich geringere Chancen sich zu wehren.

Im 'Stadtplan für Männer, Frankfurt' sind Einrichtungen zu finden, wo "Mädchen aus Fernost und ein paar Schwarze" für Liebhaber präsent sind, und solche, in denen "internationale Hostessen", auch "Gastarbeiterinnen" genannt, "ohne Gummi" arbeiten (vgl. 'Stadtplan für Männer, Frankfurt' o.J., Monika Dülk Verlag).
Auf diese Weise wird die Nachfrage nach südostasiatischen Prostituierten in der BRD erhöht.

Katalog des Orion-Erotik-Versandes von Beate Uhse

In diesen Versandkatalog sind zahlreiche, angeblich asiatische sexuelle Reizmittel sowie ein Buch über "Fernostliebesriten" aufgenommen. Neben den französischen sind die angeblich asiatischen Artikel die einzig fremdländischen. Die Beschreibungen tragen zum Aufbau des Klischees der Asiatin als Trägerin bzw. Vermittlerin einer angeblich hochentwickelten asiatischen Liebeskultur bei. Die asiatischen Reizartikel, z.B. die 'Thai-Liebesperlen', werden auch in den Sexshops verkauft. Allen südostasiatischen Frauen aus meinem Bekanntenkreis, die ich dazu befragte, sind diese asiatischen Reizartikel unbekannt, obwohl sie doch laut Prospekt in jenen Ländern jede Frau kennen müßte.

Pornomagazine

Im Laufe eines Jahres besuchte ich rund 25 Sexshops in verschiedenen Städten der BRD. In keinem der Sexshops fehlten Pornos mit Südostasiatinnen. Sie gehören offensichtlich zur Grundausstattung jedes Sexshops. Das verbreitetste Magazin ist anscheinend "Thai-Lolitas - Originalsex aus Bangkok", San Remo Press München. Dieses Magazin war in jedem Sexshop, den ich besuchte, in mehreren Ausgaben vorhanden. Die Hefte erscheinen im Abstand von zwei Monaten, die Serie existiert seit 1983. Seit 1985 gibt es die Serie "Thai Teens", herausgegeben vom United Press Office International. Aus der Serie "Teenager Sex" gibt es ebenfalls ein Heft "Teenager Thai Sex" (Verlag Peter Schmidt, Hamburg). Die Pornos sind 3-5sprachig (deutsch, englisch, französisch, niederländisch und schwedisch). Es handelt sich um Bildgeschichten mit kurzen Textstellen. Weitere Magazine, oft auch ganz ohne Text lediglich mit Photos asiatischer Frauen versehen, die möglicherweise aus Indien, Japan, Korea und den südostasiatischen Ländern kommen, finden sich ebenfalls in jedem Sexshop.

Die Männer, die sich mit diesen Frauen "beschäftigen", sind Europäer, oft Deutsche. Die Sprache der Pornomagazine enthält militärische Elemente. Es gilt, Frauen zu erobern, in Besitz zu nehmen. 'Teenager Thai Sex' und 'Exciting' sind diesbezüglich härter als 'Thai Lolitas'.

> "(...) 'wunderbar!' jammerte sie, als sein dicker, praller Prügel in ihr enges Asiatinnenloch hineinrannte."

> "(...) vermittelte ihr das unbeschreiblich schöne Gefühl, aufgespießt zu werden." (Exciting 1983, o.S., 1. Bildgeschichte)

> "Nimm mich in Besitz! Besiege mich mit dem Knüppel deiner Männlichkeit." (Teenager Thai Sex 1984, o.S.)

Doch ist dies nicht unbedingt ein Merkmal für pornographische Darstellungen mit Asiatinnen sondern der Pornographie allgemein. Ein typisches Merkmal dieser Pornomagazine ist vielmehr, daß die Frauen ausnahmslos sehr jung, vermutlich alle noch im Teenageralter sind. In einem Fall ist das Mädchen der Titelgeschichte 13- 14 Jahre alt (Thai Lolitas Nr. 8, o.J., o.S., 1. Bildgeschichte). Diese Nummer der Reihe war in den von mir besuchten Sexshops anscheinend immer sehr schnell ausverkauft.

In 'Teenager Thai Sex' und in den 'Thai Lolitas' sind Tempelanlagen und Landschaftsaufnahmen im Hintergrund, pornographische Fotos im Vordergrund zu sehen. Die dreiste Behauptung, in Thailand sei Prostitution eine religiöse Tätigkeit, soll dadurch untermauert werden. Es soll der Anschein einer natürlichen, freizügigen Sexualität in Thailand geweckt werden.

Diese Pornomagazine können zum Sextourismus, aber auch zur Heirat mit einer Südostasiatin animieren. In 'Exciting' wird Suiy, das kleine naive Mädchen aus dem 'Slum von Manila' von einem reichen Amerikaner geheiratet und in einer Luxuslimousine zur Villa gefahren. Dort gibt es Personal, "damit Du viel Zeit zum Vögeln hast!" (Exciting 27, 1983, o.S., 1. Bildgeschichte). In 'Thai Lolitas' (Nr. 8) wird von 'Sigmund Lewandowsky' erzählt, der in zwei Ehen 'zweimal hereingefallen' war und deshalb nach Thailand fährt, um Frauen auszuprobieren:

> "Er wandte sich an eine Agentur, die ihm Bilder und Adressen schickte. Er konnte sich aussuchen, welche ihm am besten gefiel (...) Er (...) flog nach Bangkok und bestellte sich etwa ein halbes Dutzend von ihnen in das Brodway Hotel."

Der Warencharakter thailändischer Frauen kommt deutlich zum Ausdruck: "Myaka war die jüngste im Angebot", "Anna May Wong war doch die Beste" und "Malina, das passende Geschenk zum 17ten Geburtstag" sind die Überschriften der Pornogeschichten in 'Thai Lolitas' (Nr. 8, o.J., o.S.). Die Bilder in den Pornoheften zeigen die angebliche, im Text erwähnte Freude und Wonne der Frauen an den dargestellten sexuellen Praktiken nicht, sondern lassen eher Gleichgültigkeit bzw. Resignation und auch Schmerz erahnen. Behauptet wird, daß die Frauen das so gerne mögen:

> "Selbst als er sie jetzt über sich stülpte und sein Schwanz ganz hoch in sie hineinstieß, zeigte sie keinerlei Anzeichen von Schmerz oder Unbehagen ... Ja, sie spornte ihn sogar an, immer noch tiefer zu stoßen." (Thai Lolitas Nr. 8, o.J., o.S., 1. Pornogeschichte)

Zeitschriften

Schließlich liegt es nahe, populäre Zeitschriften mit unterschiedlichen Leserkreisen zu betrachten. Für die Untersuchung wurden Quick und Praline und Zeitschriften mit etwas niveauvollerem Anspruch wie Stern und Spiegel ausgewählt.

In der Quick sind häufig Reportagen zu finden, die im Zusammenhang stehen mit dem Prostitutionstourismus nach Südostasien und dem Heiratsgeschäft mit Frauen aus diesen Ländern (vgl. z.B. Quick 1971d: "Die Mädchen mit den sanften Pfoten - Frisch aus Thailand importiert. Siamesinnen warten in Dortmund geduldig auf Kunden"; Quick 1972b: Serie "Das Abenteuer heute ein Mann zu sein. Ferien: Das Sex Spiel ohne Grenzen"). Die Möglichkeiten, 'billigen', 'exotischen' Sex mit Thaifrauen zu bekommen, sowohl in Thailand als auch in der BRD, werden beschrieben. 'Mann' erfährt auch, wie 'Mann' Ehefrauen kaufen kann (vgl. z.B. Quick 1977a: 'Mandelaugen für das Eheglück'; Quick 1979: 'Heiratsvermittlung: Suche Ehefrau, gehorsam, willig und immer bereit').

Anfang der 70er Jahre gab es in der Quick eine Serie 'Alle Mädchen dieser Welt'. In jedem Heft wurde eine Frau kurz und mit Aktfotos vorgestellt. 1971 und 1972 konzentrierte sich diese Serie auffällig auf Südostasiatinnen (vgl. Quick 1971a, 1971b, 1971c, 1972a, 1972b). Besonders in der Quick sind die klischeehaften Darstellungen über die Asiatinnen, insbesondere der Thaifrauen, geballt vorzufinden. Auch die Praline wirbt für den Urlaub in Thailand (vgl. z.B. Praline 1972a, 14; Praline 1972b, 15). In der Reportage "17 Tage Bangkok - Flug, Übernachtung, Frühstück schon ab 1250 Mark" (Praline 1972h) werden detailliert die Vorzüge der "auffallend vielen hübschen Mädchen, die die Urlauber verwöhnen", geschildert. Auch TUI-Werbung ins 'exotische' Bangkok ist mit aufgenommen (vgl. z.B. Praline 1973a). Im Artikel "Sind Ausländerinnen besser im Bett?" ist die Rede von einer 'Exotin' aus Asien (Praline 1971a). In der Serie "Die andere Haut lockt" erschien der Artikel "Komm mit mir, ich will Dir gehören, sagte das Thaimädchen Sianki (17) zu Klaus (28) aus Ulm" (Praline 1973e).

Eine Besonderheit der Praline ist die Serie mit Mischlingsmädchen bzw. "Dunkle Haut bei uns" und "Unsere Liebesgeschichte". Von verschiedenen Eurasierinnen, die in Deutschland leben, wird erzählt und über ihre angeblich typischen Eigenschaften und ihre sexuelle Attraktivität für deutsche Männer berichtet. Sofern die Frauen nicht verheiratet sind,

sind in der Regel Aktfotos mit einbezogen (vgl. Praline vom 4.11.71 (1971b) bis 14.6.72 (1972d): 'Unsere Liebesgeschichte; und Praline 1972f, 1972g, 1973c, 1973d: 'Dunkle Haut bei uns'). Erwähnenswert ist schließlich auch die Serie 'Sexualbräuche der Naturvölker'. In den Jahren 1971-73 waren dies häufiger 'Volksstämme in Südostasien', z.B. aus Malaysia und von den Philippinen (vgl. Praline 1971c, 1972c, 1972e, 1972i, 1973b). Sensationsmachend wird über die Sexualität dieser Stämme berichtet, die für asiatische Sexualität allgemein stehen soll.

Auch der Stern trug vor allem in den 70er Jahren skrupellos dazu bei, Thailand als Land des Sextourismus bekannt zu machen und das Klischee von der Asiatin aufzubauen. Beispielsweise wird im Artikel 'Es muß ja nicht immer gleich Liebe sein' (Stern 1971b, 62) detailliert dargestellt, daß "den Mann aus Deutschland (...) in Bangkok das Paradies" erwartet. In 'Noch fünf Jahre bis Ladenschluß' (Stern 1976, 52) erfährt der Leser, was man in einem thailändischen Massagesalon alles bekommen kann. Der Artikel ist mit nackten Masseusen bei der Arbeit an deutschen Touristen illustriert. Im selben Artikel wird auch auf den Zusammenhang zwischen Armut und Prostitution hingewiesen, doch kann das in diesem Zusammenhang kaum zur Selbstreflexion der Leser beitragen. Viel eher kann der Sextourist als eine Art Wohltäter gesehen werden, der durch käuflichen Sex arme Familien in Thailand unterstützt.

Auch in Artikeln über Prostitution und Massage in Deutschland findet man häufig Hinweise auf Frauen aus Fernost bzw. Thailand und ihre 'Vorzüge', z.B. in 'Mädchen zum Mieten' (Stern 1972a, 54) oder in 'Ach wärst Du doch in Düsseldorf geblieben' (Stern 1974b, 52). Zum Klischee der Eurasierinnen als schönste Frauen der Welt trägt der Stern ebenfalls bei, z.B. durch den Artikel 'Eurasierinnen, die schönsten Frauen der Welt': "Nur weiße Haut ist im Bett gefragt." (Stern 1971a, 40) Das Klischee der Asiatin wird auch durch Werbung der 'Singapur Airlines' im Stern verbreitet (vgl. z.B. Stern 1972b, 1972c). Auch Neckermann-Werbung für Bangkok ist gelegentlich im Stern zu finden (vgl. z.B. Stern

1974a, 157). Der Stern animiert zum Sextourismus und weist darauf hin, daß auch in der BRD südostasiatische Prostituierte den Männern zur Verfügung stehen. Über Möglichkeit und Praxis deutscher Männer, sich Südostasiatinnen als Ehe- und Hausfrauen in die BRD zu holen, berichtet der Stern allerdings nicht.

Der Spiegel berichtet in seinen Ausgaben von Januar 1971 bis Februar 1984 in 7 Artikeln über den Prostitutionstourismus und den Heiratsmarkt mit Frauen insbesondere aus Thailand und von den Philippinen. Kennzeichnend für die Art der Spiegel-Berichterstattung ist der am 19.2.1973 erschienene Beitrag 'Allein zu Bett' (Spiegel 1973a). Wer da "allein zu Bett" muß, sind laut Spiegel die "Thaitäubchen", die "Siamkatzen" nach dem Abzug des amerikanischen Militärs in Südostasien. In den Spiegelartikeln fehlen Hintergrundinformationen über die Ursachen der Massenprostitution und Migration von Frauen durch Heirat ins industrialisierte Ausland. Beschrieben werden dagegen in spöttischer Weise das Heiratsgeschäft und die Männer, die in Sachen Sex in Südostasien unterwegs sind (vgl. Spiegel vom 25.2.74). Auch durch die Werbung der 'Singapur Airlines' (z.B. Spiegel 1972, Spiegel 1976a) wird das Klischee der Asiatin in diese Zeitschrift aufgenommen. Der Spiegel animiert zwar nicht direkt zum Sextourismus und Heiratsgeschäft, er setzt sich aber auch nicht kritisch mit den damit verbundenen Problemen auseinander. Er trägt zwar nicht maßgeblich zum Aufbau des Klischees der Asiatin bei, doch kommt das Klischee auch hier vor.
Von dieser Zeitschrift, die den Anspruch hat, auf gehobenem Niveau sachlich zu informieren, hätte man am ehesten eine tiefgehendere Darstellung und eine kritische Auseinandersetzung mit der Problematik erwarten können.

Insgesamt läßt sich über die Berichterstattung in Medien und Werbung sagen, daß nirgendwo näher auf die Probleme des Landes und die besondere Situation der Frauen eingegangen wird. Die Massenprostitution wird verharmlost und häufig als natürlich bzw. zur Kultur gehörend dargestellt. Die Selbstreflexion des Lesers wird kaum angeregt. Das schlechte Benehmen von deutschen Touristen wird zwar kritisiert, der Kauf von Frauen als Prostituierte oder als Ehefrauen grundsätzlich jedoch nirgendwo problematisiert, nicht einmal in Frage gestellt. Leser werden häufig geradezu zum Sextourismus und zum Kauf von Ehefrauen animiert. Beteiligten Männern wird es leicht gemacht, Verantwortung abzuschieben, indem z.B. die Probleme als zur thailändischen Kultur gehörend dargestellt werden, indem ausgesagt wird, daß vor allem die Einheimischen die sexuellen Dienstleistungseinrichtungen nutzen und indem darauf hingewiesen wird, daß 'Mann' sich anders verhalten kann als die 'jungfetten Deutschen', 'Mann' kann die Mädchen anders behandeln.

Der Zusammenhang zwischen der Existenz der Massenprostitution in Südostasien sowie der großen Bereitschaft südostasiatischer Frauen, Europäer zu heiraten, und der Tatsache, daß europäische Männer, Männer aus Industriestaaten allgemein, es sich leisten können, südostasiatische Prostituierte zu bezahlen und in großen Mengen Sex zu konsumieren sowie Ehefrauen zu kaufen, wird nicht aufgezeigt - nicht im Spiegel und auch nicht im anspruchsvolleren Reiseführer. Im Gegenteil, es wird den beteiligten Männern leicht gemacht, Gewissensbisse zu verdrängen oder zu zerstreuen und Verantwortungsbewußtsein abzubauen.

III Die Situation der Frauen in Thailand

Ein altes thailändisches Sprichwort besagt: "Frauen sind wie die Hinterbeine des Elefanten", d.h. sie haben eine tragende, wichtige Funktion, aber die Richtung bestimmen sie nicht.

Geschichtliche Entwicklung des Landes bis zur Mitte des letzten Jahrhunderts

Frauen der Unterschicht

Thailand war über Jahrhunderte hinweg ein agrarischer Feudalstaat mit einem König an der Spitze. Die Bevölkerung war in Adel einerseits und gewöhnliches Volk und Sklaven andererseits eingeteilt. Lohnarbeit gab es nicht. Seit dem 14. Jahrhundert bis Ende des 19. Jahrhunderts existierte das sogenannte "Corvee System", das jeden gewöhnlichen Mann zwang, seine Arbeitskraft drei bis sechs Monate im Jahr dem Adel zur Verfügung zu stellen. Während der Abwesenheit der Männer waren die Frauen zuhause für alles verantwortlich (vgl. Skrobanek 1983, 9).
Vorherrschend war die ländliche Subsistenzproduktion. Es wurde für den eigenen Verbrauch der Familie produziert. Eine strenge geschlechtsspezifische Arbeitsteilung gab es auf den Feldern nicht. Körperlich schwere Arbeiten wie z.B. das Pflügen übernahmen die Männer, bei deren Abwesenheit aber auch die Frauen. Haushalt und Kindererziehung waren Aufgaben der Frauen (vgl. Potter 1977, 56). Auch die Verwaltung und Verteilung der produzierten Güter über das ganze Jahr lag in den Händen der Frauen. Der Verkauf der Überschüsse auf dem Markt wurde ebenfalls von ihnen organisiert, professioneller Handel war noch nicht verbreitet (vgl. Henke/Pachwitz 1980, 63).
Ökonomisch hatten somit die Frauen auf dem Land eine sehr bedeutende Rolle und erfuhren dadurch auch Respekt, vor allem

dann, wenn Überschüsse erwirtschaftet wurden. Frauen galten als Ernährerinnen der Familie. Während in den westlichen Kulturen Männer als Familienernährer betrachtet werden und davon ihre Macht abgeleitet wird, ergab sich aus der ökonomisch bedeutenden Rolle der Frauen in Thailand, die Frauen teilweise auch heute noch haben, keine entsprechende Machtposition. Der Mann gilt traditionell als Familienoberhaupt, als Repräsentant der Familie in der Dorfgemeinde (vgl. Skrobanek 1983, 9). Abgesichert wurde und wird diese Position durch die buddhistische Philosophie, die wie das Christentum und andere Weltreligionen eine patriarchalische Ideologie beinhaltet (vgl. Thitsa 1980).

Bemerkungen zum thailändischen Buddhismus

In Thailand ist der Therevada-Buddhismus vorherrschend, der allerdings nicht in Reinform existiert, sondern beeinflußt ist von Geisterglauben und hinduistischen Elementen. Es ist ein Glaube an die ständige Wiedergeburt des Menschen bis zur endgültigen Auflösung ins Nirwana. Das Dasein auf der Erde wird als Leidensweg betrachtet, denn der Mensch ist abhängig von zahlreichen körperlichen Bedürfnissen. Wichtig auf dem Weg ins Nirwana ist es, sich vom Irdischen zu lösen und körperlichen Bedürfnissen zu entsagen. Der Mensch muß Verdienste anhäufen und verbessert so sein Kharma. Das Kharma ist die Summe der erworbenen Verdienste. Durch ein gutes Kharma kann der Mensch in eine bessere Existenz wiedergeboren werden. Die Meditation im Kloster ist eine Hilfe, sich vom Irdischen zu lösen. Nach einem entsprechenden Leben besteht für Mönche die Möglichkeit, den Kreislauf der ewigen Wiedergeburten zu durchbrechen, wenn sie einen bedürfnislosen Zustand erreicht haben.
Nur Männer können allerdings Mönche werden, Nonnen gibt es im Therevada-Buddhismus nicht. Neben den Männern, die ständig im Kloster leben, wird von jedem männlichen Buddhisten erwartet, daß er mindestens einmal in seinem Leben eine gewisse Zeit (mindestens drei Monate) im Kloster verbringt. Die Männer haben somit die Möglichkeit, ihr Kharma zu verbessern. Frauen

sind davon ausgeschlossen, so wie sie auch von anderen buddhistischen Ämtern und zahlreichen Ritualen ausgeschlossen sind. Der Buddhismus in seiner thailändischen Ausprägung sieht für die Frauen keine Rolle im öffentlichen Leben vor. Frauen können nicht direkt aus dem Kreislauf der Wiedergeburten ausbrechen, sie müssen zunächst als Mann wiedergeboren werden (vgl. Thitsa 1980, 22).
Frauen können ihr Kharma erhöhen, indem sie den Mönchen Nahrungsmittel geben. Wenn ihr Sohn ins Kloster geht, erhöht sich das Kharma der Mutter (vgl. Gräning 1984, 63). Doch diesen Verdienst können nur Mütter von Söhnen erwerben. Männern wird die Fähigkeit, durch den Geist die körperlichen Bedürfnisse, die Haftung am Irdischen, zu überwinden im stärkeren Maß zugesprochen als den Frauen (vgl. Paul 1981, 24). Diese sind allein durch das Kindergebären dem Irdischen stärker verhaftet. Den Frauen überläßt 'Mann' auch gerne alles, was ihn daran hindert, sich vom Irdischen zu lösen. Auf diesem Hintergrund wird auch die starke ökonomische Stellung der Frauen verständlicher: Männer wenden sich "Höherem" zu, während Frauen die Funktion der Versorgerin zufällt.

Die traditionelle Familienform

Traditionell ist die matrilineare Familienform auf dem Land vorherrschend. In den von der Entwicklung am stärksten abgeschnittenen Regionen im Norden und Nordostens Thailands, aus denen die Mehrzahl der Prostituierten kommen, ist diese Familienform auch heute noch dominant. Der Mann heiratet in die Familie der Frau ein. Das junge Paar lebt einige Jahre im elterlichen Haushalt, um sich später selbst eine Existenz aufzubauen. Als es noch ausreichend Land gab, bedeutete dies, neues Land zu besiedeln. Die jüngste Tochter bleibt in der Regel bei ihren Eltern, versorgt diese im Alter und erbt dafür das elterliche Haus (vgl. Potter 1979, 53 f./Pamonsai, Fua 1980, 86f.). Das Land wird gleichmäßig auf alle Kinder verteilt. Die Frauen hatten Besitzrechte auf Haus und Land (vgl. Lenz 1980, 46). Familiennamen gab es nicht, erst 1916

wurden Familiennamen vom Namen des Mannes abgeleitet und für Frauen verbindlich erklärt.
Die Töchter werden traditionell zu besonderem Verantwortungsbewußtsein der Familie gegenüber erzogen. Sie fühlen sich stärker der Familie verpflichtet als die Söhne, die mit der Heirat die eigene Familie verlassen (vgl. Skrobanek 1983, 10).

Frauen der Oberschicht

Die Situation der adeligen Frauen war grundsätzlich anders. Polygamie war in der Aristokratie weit verbreitet. Es gab eine Hierarchie der Frauen im Harem. Die erste Frau war in der Regel aus reichem Haus, sie wurde geheiratet, um Beziehungen zu anderen Adelsfamilien zu knüpfen und diente dazu, Macht und Einfluß des Ehemannes zu erweitern. Die weiteren Frauen konnten auch aus dem einfachen Volk kommen. Sie wurden gekauft oder einfach geraubt (vgl. Gräning, 1984, 72). Degradiert zu reinen Vergnügungsobjekten des Mannes, ausgeschlossen von produktiven Tätigkeiten (abgesehen vom Kindergebären), widmeten sich die adeligen Frauen der Schönheitspflege und der Handarbeit. Die Regeln der herrschenden Männer bestimmten ihr Dasein. Jungfräulichkeit bis zur Ehe wurde als oberste Tugend gepriesen. Bei Treuebruch durfte die Ehefrau getötet werden, der Ehemann hatte gegenüber seiner Frau das Bestrafungsrecht. Männliche Ausschweifungen sexueller Art waren jedoch legitim.
Frauen des Adels und Frauen aus dem gewöhnlichen Volk unterlagen zwar den Gesetzen und der Ideologie der herrschenden Männer, durch die wichtige Rolle der Frauen auf dem Lande, konnten diese jedoch nicht lediglich als Objekte behandelt werden, sondern waren an Entscheidungen beteiligt (vgl. Skrobanek 1983, 12ff.).

Die Entwicklung seit Mitte des letzten Jahrhunderts

Seit ca. Mitte des 19. Jahrhunderts erfuhr Thailand eine Entwicklung, wie sie für viele Länder der Dritten Welt typisch ist. 'Thai' bedeutet 'frei', das 'Land der Freien', damals noch Siam genannt. Thailand war im Gegensatz zu allen Nachbarländern nie Kolonie und die Thais sind auch heute noch stolz darauf. Doch um im letzten Jahrhundert der Kolonialisierung zu entgehen, war das Land gezwungen, sich westlichen Interessen zu beugen. Die herrschende Oberschicht betrieb dabei eine Politik, die sich an ihren eigenen Interessen und nicht an den Interessen der Gesamtbevölkerung orientierte (vgl. Henke/Pachwitz 1980, 64; Phongpaichit 1982, 3).
Der Reisanbau für den Export wurde ausgebaut und das "Corvee System" und die Sklavenhaltung gegen Ende des letzten Jahrhunderts abgeschafft. Mit dem Reisanbau und der teilweisen Verdrängung der Kleinbauern begann die Lohnarbeit. Neue soziale Unterschiede bildeten sich heraus bzw. alte verstärkten sich. Begünstigtere Leute akkumulierten Land und ließen andere für sich arbeiten. Durch den Reisanbau gingen wichtige Teile der Produktion für den eigenen Verbrauch verloren. So ging z.B. der Anbau von Baumwolle zurück,die aus dem damals britischen Indien eingeführt werden mußte. Nutznießer dieser abhängigen Entwicklung waren vor allem die Briten, die damals 90% des gesamten siamesischen Handels kontrollierten. Sie verdienten sowohl am Reisexport wie auch an den Baumwollimporten (vgl. Henke/Pachwitz 1980, 65). "Während die thailändische Bevölkerung alle Kräfte auf die Reisproduktion konzentrierte, beuteten Ausländer die natürlichen Ressourcen aus. Die Entwicklung der Teakholz- und Kupferindustrie lag in den Händen westlicher und chinesischer Kapitalisten, die dazu billige Arbeitskräfte aus den Nachbarstaaten beschäftigten" (Skrobanek 1983, 15).

Durch die Abschaffung des Frondienstes der Männer wurde die Arbeit der Frauen im agrarischen Sektor nicht verringert.
In Folge des hohen Arbeitsaufwandes auf den Reisfeldern konnten sie die notwendigen Gebrauchsgegenstände und Kleider nicht mehr selbst herstellen und mußten sie teuer einkaufen.

Der neu aufkommende Reishandel lag nun nicht mehr in den Händen der Frauen. Ebenso ging ihre Bedeutung als Kleinhändlerin zurück. Auf diese Weise verloren die ländlichen Familien eine wichtige Einkommensquelle. "Da Bauersfrauen nicht genügend Kapital besaßen, um Waren auf dem neu aufkommenden Markt anzukaufen, begannen chinesische Händler, die sich in den Dörfern niedergelassen hatten, den zwöschendörflichen Handel zu monopolisieren." (Skrobanek 1983, 16). Phongpaichit weist in diesem Zusammenhang darauf hin, daß die eingewanderten chinesischen Händler sehr unterschiedliche sexuelle Normen und Werte hatten. Polygamie verbreitete sich durch ihren Einfluß in weiten Schichten der Bevölkerung, Konkubinen wurden ein Statussymbol.

Im Zuge der sich wandelnden Gesellschaft entstand unter der ständigen drohenden Kolonialisierung eine militärische und zivile Bürokratie, eine Art "Protobourgeoisie" (Skrobanek), die mit dem Adel um die Macht kämpfte und sich 1932 in einer politischen Revolution durchsetzte. Die absolute Monarchie wurde in eine konstitutionelle Monarchie verwandelt. Die Politik des Anschlusses an den Westen wurde dabei bis heute fortgesetzt. In den 50er und 60er Jahren entwickelte sich eine nationale Unternehmerschicht, die heute die Macht mit den Bürokraten und militärischen Führern teilt (vgl. Skrobanek 1983, 22).

Die thailändische Hausfrauenideologie

1935, kurz nach der Einführung der konstitutionellen Monarchie, wurde die Polygamie, die zu der Zeit weit verbreitet war, verboten. Sie ist jedoch bis heute allgemeine Praxis. Skrobanek beurteilt die Auswirkungen des Polygamieverbots folgendermaßen: "Das Gesetz der Monogamie hat weder die Position der Frauen innerhalb der Ehe verbessert, noch hat es ihre untergeordnete Position in der Gesellschaft verändert." (Skrobanek 1983, 22).

In der diktatorischen Periode während des zweiten Weltkriegs wurden die Frauen zu den "schönsten Blumen der Nation" er-

klärt, es begann die Verherrlichung der Hausfrauen- und Mutterrolle, "eine Vorstellung, die aus westlichen Ländern importiert wurde" (Skrobanek 1983, 23). Im Rahmen der allgemeinen wirtschaftlichen und kulturellen Anpassung an den Westen wurde das Ideal der europäischen Hausfrau und Mutter zum Ideal der thailändischen Frau erklärt; europäische Hauswirtschaftslehre und europäische Kleidung wurden übernommen. Röcke tragen galt als zivilisiert. Medien machten aus der thailändischen Mittelschichtsfrau eine Kopie der westlichen Hausfrau.
Entgegen der Tradition im ländlichen Thailand wurden nun die Männer zum Familienernährer deklariert. Der Frau wurde die Rolle der untergeordneten Dienerin des Mannes zugewiesen und das Bild der Frau als Sexualobjekt, wie es früher im Adel schon vorhanden war, wurde in anderer Form aufgegriffen. Thailändische Schönheitswettbewerbe kamen auf und gingen durch die internationale Presse. Diese Entwicklung spielte sicherlich auch eine gewisse Rolle bei der Durchsetzung des Sextourismus in den siebziger Jahren.

Die Entwicklung ab 1932 wurde von den Frauen ohne bedeutende Proteste hingenommen. Forderungen nach rechtlicher Gleichstellung der Frau, die es vor 1932 gegeben hatte, waren verklungen und kamen erst in den 70er Jahren wieder auf. Sie wurden getragen von Frauengruppen, meist intellektuellen Mittelschichtsfrauen, die vor allem gegen den Prostitutionstourismus kämpften (vgl. Skrobanek 1983, 25).

Von der Verarmung auf dem Land zum Weg in die Prostitution

In den 50er Jahren eignete sich das Militär große Gebiete an. Viele Bauern, die bis dahin Land besaßen, wurden Pächter oder Lohnarbeiter. Ab 1957, insbesondere aber in den 60er Jahren wurde die Entwicklung zum Anschluß an den Weltmarkt verstärkt vorangetrieben. Reis wurde vermehrt für den Export angebaut. Hinzu kamen Mais und Tapioka, dem aus Maniok gewonnenen Stärkemehl, dessen Hauptabnehmer mit 5,12 Mio. Tonnen im Jahr die EG Länder sind (vgl. Reichtum für wenige 1984, 11).

Kunstdünger und Pestizide wurden eingeführt, ebenso Maschinen wie Traktoren und Wasserpumpen, um die Effektivität zu steigern. Wo Kunstdünger und Pestizide eingesetzt wurden, starben teilweise die Fischbestände in den unter Wasser stehenden Reisfeldern, die eines der wichtigsten Nahrungsmittel gerade für die arme Landbevölkerung darstellen. Während so Nahrungsmittel ausgeführt werden, leidet Thailand selbst zunehmend an Mangel- und Fehlernährung (vgl. Henke/Pachwitz 1980, 65; Föste 1982, 17). Auch der gesteigerte Anbau für den Export erweist sich aufgrund der Außenabhängigkeit zunehmend als Beschleunigungsfaktor für den ländlichen Verarmungsprozeß. Nachdem die Kleinbauern in den letzten Jahren zum verstärkten Tapiokaanbau unter der Aussicht großer Verdienstmöglichkeiten angeregt wurden, hat die EG Einfuhrbeschränkungen für Tapioka erlassen (vgl. BUKO-Mappe 1985).

Der Landkonzentrationsprozeß führte zu einem Arbeitskräfteüberschuß, dessen Folge die Abwanderung in die Städte war und ist. Ein Teil der ländlichen Migranten - darunter viele Frauen - fand Arbeit in den neuentstehenden Lohnveredelungsindustrien. Dabei handelt es sich um westliche Unternehmen, die ihre Produktion aufgrund des niedrigen Lohnniveaus nach Südostasien auslagern. Ein Großteil der Migranten vom Land bleibt jedoch (formell) arbeitslos.
Die Einwohnerzahl Bangkoks ist von 700.000 nach dem zweiten Weltkrieg auf heute 8 Mio. gestiegen (vgl. Phongpaichit 1982, 7). Über 700.000 Menschen leben in den zahlreichen Slums der Stadt, die in den letzten Jahrzehnten entstanden sind (vgl. Lossau 1984, 14).

80% von 47 Millionen Thailändern sind in der Land- und Forstwirtschaft tätig. Es herrscht ein starkes Gefälle zwischen dem Pro-Kopf-Einkommen der Bevölkerung Bangkoks zu dem in der Zentralebene, dem Hauptreiseanbaugebiet für den Export, und ein noch größeres Gefälle des Pro-Kopf-Einkommens zwischen Bangkok und dem Norden und Nordosten, den Gebieten, die am stärksten von der Modernisierung abgeschnitten sind (vgl. Phongpaichit 1982, 28). Dieses Gefälle ist vor allem in den 60er Jahren entstanden. Nach einer Schätzung der Weltbank leben heute 31% der thailändischen Bevölkerung unter dem

Existenzminimum, davon 49% in Dörfern des Nordostens und 22% in Dörfern des Nordens (vgl. Phongpaichit 1982, 32).
Dies sind die Gebiete, aus denen 75% der Prostituierten kommen.

Der Nordosten ist ein sehr trockenes Gebiet mit niedrigen Erträgen, in dem Subsistenzproduktion für den Eigenbedarf vorherrscht. Außer der Landwirtschaft gibt es kaum wirtschaftliche Aktivitäten. Die gut ausgebauten Straßen mit Verbindung zur Hauptstadt, die für das amerikanische Militär gebaut worden waren, bleiben ungenutzt.

Der Norden ist ein hügeliges Gebiet mit Forst- und Landwirtschaft. Die Infrastruktur ist kaum ausgebaut. An den Flüssen gibt es ertragreiche Reisfelder, in den Bergen dagegen, wo die Felder schwer zu bewässern sind, sind die Dörfer teilweise sehr arm. Grund der Armut ist auch die ungleiche Verteilung des Landes. Weniger als die Hälfte der Familien besitzt ausreichend Land, um davon leben zu können. Die meisten arbeiten zusätzlich oder ganz als Lohnarbeiter (vgl. Phongpaichit 1982, 27).

Die Frauen nehmen im Norden und Nordosten Thailands aktiv an der außerhäuslichen Produktion teil. Ihr Arbeitsanteil ist in der Regel höher als der der Männer (vgl. Henke/Pachwitz 1980, 69). Sie tragen wesentlich den Unterhalt ihrer Familien. Noch haben die Frauen eine relativ große Bedeutung im Kleinhandel mit selbsthergestellten Gegenständen, Speisen sowie kleinen landwirtschaftlichen Überschüssen. Doch aufgrund der zunehmenden Konkurrenz der überregional agierenden Händler gehen ihre Geschäfte immer schlechter.

Wenn das Land nicht reicht, die Familie zu ernähren bzw. die Familie landlos geworden ist, sind die Leute gezwungen, lohnabhängig auf dem Land anderer zu arbeiten. Der im Nordosten vorgeschriebene Mindestlohn für Männer wird mit 2,60 DM pro Tag angegeben (vgl. Henke/Pachwitz 1980, 72). Frauen braucht dieser Mindestlohn nicht ausbezahlt zu werden und Mädchen bekommen wiederum noch weniger.
Eine weitere Benachteiligung erfahren die Frauen durch internationale Entwicklungshilfeprogramme. "Mit finanzieller und

technischer Hilfe aus den Industrieländern, mit landwirtschaftlicher Beratung und der Einführung neuer Anbaumethoden soll eine Steigerung der Produktivität erreicht werden." (Henke/Pachwitz 1980, 74) Dabei "geht man jedoch von europäischen Rollenvorstellungen aus: die Frau gehört in den häuslichen, der Mann in den produktiven Bereich".

In der Vergangenheit wurden nur Männer in die Schulungskurse zum Erlernen neuer Techniken und Anbaumethoden aufgenommen. Die ursprünglich starke Position der Thaifrauen auf dem Land wird somit zusätzlich zu den bereits erwähnten Faktoren geschwächt. Henke/Pachwitz sehen darin nicht nur ein Mißverständnis oder Gedankenlosigkeit der Europäer sondern Absicht. In der Tat bietet die Hausfrauenideologie, d.h. das Bild des Mannes als Ernährer der Familie und der Frau als Hausfrau und Mutter dem Kapital Vorteile. Hiermit versucht man beispielsweise die Niedriglöhne für Frauen als Zusatzverdienerinnen und die Unterbezahlung der Berufe, in denen überwiegend Frauen arbeiten, wie es auch in Europa üblich ist, zu legitimieren (vgl. hierzu auch Rogers 1980).

Durch die extreme Arbeitsbelastung insbesondere lohnabhängiger Mütter sind die Kinder oft sich selbst überlassen. Die älteren Kinder müssen oft mitarbeiten oder auf die kleinen Geschwister aufpassen. Das betrifft vor allem die älteren Mädchen. Sie versäumen deshalb oft die Schule und haben nur eine minimale Schulausbildung (vgl. Henke/Pachwitz 1980, 70). Reicht das Geld nicht, um mehrere Kinder zur Schule zu schicken, so wird in der Regel dem Sohn, nicht der Tochter, Vorrang gegeben. Diese arbeiten stärker im Haushalt mit. Sie werden früh zur Verantwortung für die Familie erzogen und versuchen ihrerseits, zum Familieneinkommen ihren Beitrag zu leisten. Wie bereits erwähnt, fühlen sie sich stärker als die Söhne, die mit der Eheschließung wegziehen, der Familie verbunden. Wenn die Existenzgrundlagen der Familie am Ort nicht mehr gewährleistet sind, sind auch die Töchter trotz bzw. gerade wegen ihrer starken Familienverbundenheit bereit zu migrieren. Migration in die Stadt bedeutet dabei in der Regel Wanderung nach Bangkok, denn nur ein kleiner

(Photo: Renate Wilke-Launer)

(Photo: Renate Wilke-Launer)

Teil der Migrantinnen wandert in die nahegelegenen kleinen Städte.

In der Zeit von 1965 bis 1970 migrierten 1.720.000 Männer vom Land nach Bangkok. Ihre Zahl wurde in der selben Zeit bei den Frauen um 100.000 übertroffen (vgl. Phongpaichit 1982, 34). Bei den Migranten aus dem Norden kamen auf 3 Männer 4 Frauen und aus dem Nordosten kamen auf 4 Männer 5 Frauen. Auch die Altersstruktur ist interessant. Vor allem bei den 10- bis 19-Jährigen ist ein deutliches Überwiegen der weiblichen Migranten zu verzeichnen. Insgesamt finden sich die meisten Migranten in der Altersstufe von 15 - 24 Jahre.
Die Migration nach Bangkok hat sich in den 70er Jahren verstärkt fortgesetzt. Die Migranten aus dem Norden und Nordosten kommen in der Regel aus besonders armen Dörfern, aus denen sehr viele Mädchen 'in den Süden' abwandern (vgl. Phongpaichit 1982, 37). Ein Teil der Mädchen aus dem Nordosten wurde durch die Anwesenheit des amerikanischen Militärs, das im Nordosten des Landes stationiert war, mit dem Sexgeschäft vertraut. Die Anwesenheit des amerikanischen Militärs fiel in eine Zeit, in der die Existenz großer Teile der Landbevölkerung in diesem Gebiet durch extreme Dürrezeiten gefährdet war.
In Gebieten, in denen die Not am größten ist, gibt es heute kaum eine Familie, die nicht von den Geldsendungen aus der Prostitution mindestens einer Tochter lebt.

> "Als 'Doh Kam Tai' - eine Region im Norden - und seine hungernden Menschen in den frühen 70er Jahren von der Presse entdeckt wurden, waren schlechthin alle Frauen des Dorfes verschwunden - sie waren im ganzen Land verstreut an Bordelle verkauft worden." (Pamonsai/Fua 1980, 91).

Wo die Armut besonders groß ist, gibt es schnell Agenturen und Mittelsmänner, die sich an der 'Vermittlung' der Mädchen an Arbeitsstellen in der Stadt bereichern. Teilweise sind sie spezialisiert auf die Vermittlung von Prostituierten, andere sortieren nur die hübschesten Mädchen für die Prostitution aus (vgl. Dauth 1984, 16). Die Vermittlungsbüros schicken ihre Agenten, oft sind dies 'vertrauenswürdig erscheinende Frauen', in die Dörfer Nord- und Nordostthailands.

> "Die Eltern, die ihre Kinder aus schierer Not für ein Jahr den Agenturen übergeben haben, wissen häufig nichts von den Verhältnissen, die sie erwarten. Auf ihre Anfrage hin nennen ihnen die Agenturen oft falsche Adressen von Fabriken, in denen ihre Kinder angeblich beschäftigt seien." (Föste 1982, 42)

Viele Eltern sehen ihre Kinder niemals wieder. Häufig vermitteln auch weibliche Familienmitglieder, die selbst schon in der Stadt gearbeitet haben, ihre Verwandten. Jedes Dorf, aus dem viele Frauen in der Stadt leben, hat seine eigenen Agenten. Die Eltern bekommen nicht viel für den Verkauf eines Kindes an die Agenten. Föste (1981, 42) spricht von umgerechnet 200 DM. Bei Wald (o.J., 90) ist die Rede von "600 DM Auslösung, die man für ein Landmädchen bezahlen muß." Gelegentlich ist auch von umgerechnet über 1000 DM die Rede. Die Preise richten sich nach dem Aussehen der Mädchen. Die Agenturen sind teilweise international hochorganisiert und vermitteln junge Frauen auch ins europäische Ausland (vgl. Kapitel V).

Welche Alternativen zur Prostitution bieten sich den Frauen mit keiner oder geringer Schulausbildung in der Stadt? Das Thailand National Statistical Office meint dazu: "Offensichtlich bietet Bangkok den Frauen aus diesen Gebieten (gemeint sind die nördlichen und nordöstlichen Regionen, S.L.) attraktive Möglichkeiten" (nach Phongpaichit 1982, 35). Bedenkt man die Armut, die die Frauen zwingt, ihre Familien zu verlassen, und die Geschäfte mit noch sehr jungen Kindern, so wirkt diese Aussage bereits sehr zynisch. Aber welches sind die attraktiven Möglichkeiten? Im industriellen Sektor stellen die Frauen mehr als die Hälfte aller Beschäftigten, vor allem in der Tabak-, Textil- und chemischen Industrie (vgl. Henke/Pachwitz 1980,77). Der Grund ist nicht schwer zu erraten. Ein Industrievertreter formuliert das so:

> "Die meisten Hersteller bevorzugen weibliche Arbeitskräfte, da sie eher zu langem Arbeiten am Fließband und längere Zeit zu konzentrierter Arbeit fähig sind. Außerdem akzeptieren sie niedrigere Löhne und haben geschicktere Finger" (ebenda).

Hier wird offensichtlich den Frauen nicht wegen mangelnder Fähigkeiten weniger bezahlt. Von freiwilligem Akzeptieren der niedrigen Löhne kann jedoch keine Rede sein. Vielmehr bleibt den Frauen keine andere Wahl.

> "1977 wurden zwei Vertreterinnen der Textilgewerkschaft erschossen, vier weitere Frauen der gleichen Gewerkschaft wurden von Lastwagen nachweislich angefahren und getötet." (ebenda, 78)

Skrobanek schreibt über die Zeit der parlamentarischen Demokratie (1973-76), die als Zeit der Liberalisierung gilt, ehe 1976 das Militär erneut putschte:

> "Frauen, die höhere Löhne und bessere Arbeitsbedingungen forderten, wurden von Polizisten und Verbrecherbanden angegriffen. Vergewaltigung und andere Formen sexueller Quälereien wurden eingesetzt, um den Kampf der Arbeiterinnen zu unterdrücken." (Skrobanek 1983, 26; vgl. a. Pamonzai/Fua 1980, 94)

Die Löhne der Arbeiterinnen reichen im günstigsten Fall gerade für ihren eigenen Unterhalt, nicht aber zur Unterstützung von Familienmitgliedern (Eltern, Geschwister, Kinder). Die Mieten in Bangkok sind sehr hoch, für Arbeiter in der Regel unerschwinglich. Sie leben in den Slumgebieten. Frauen, deren Verdienst nicht ausreicht, um z.B. ihre Kinder zu ernähren, arbeiten oft zusätzlich als gelegentliche Prostituierte (vgl. Skrobanek 1983, 26).

Andere Arbeitsmöglichkeiten für ungebildete Frauen und Mädchen sind Jobs als Dienstmädchen oder Kindermädchen für reichere Familien oder als Kellnerinnen in Restaurants oder Bars.
Ein Teil der Prostituierten hat vor Beginn der Arbeit im 'Unterhaltungsbereich' auf diese Art gearbeitet. Doch der Verdienst ist zu gering, und sexuelle Belästigungen gegenüber Dienstmädchen, Kellnerinnen und Fabrikarbeiterinnen sind an der Tagesordnung, so daß die Übergänge zur Prostitution oft fließend sind. An der Lebensgeschichte der Thailänderin Taew, die nun folgen soll, werden die aufgezeigten Konflikte der Frauen besonders deutlich.

Das Mädchen Taew aus dem Nordosten

"Taew ist das dritte von 8 Kindern, zum Zeitpunkt des Interviews 21 Jahre alt. Sie und ihre beiden älteren Schwestern konnten nur 4 Jahre zur Schule gehen. Sie ist offensichtlich das hübscheste Mädchen der Familie. Diese war arm und landlos und lebte in einer undichten Hütte auf dem Land von Verwandten, für die sie auf den Feldern arbeiteten. Die Mutter sammelte Waldprodukte. Eine Tante arbeitete als Hausmädchen in Udon. Als später dort die Amerikaner stationiert waren, lebte sie mit einem GI zusammen, von dem sie auch ein Kind hatte. Sie wollten heiraten, doch er starb in Vietnam.
Von der Armut getrieben gingen Taews ältere Schwestern, von der Tante ermuntert, ebenfalls nach Udon und lebten mit GI's zusammen, denen sie den Haushalt führten und für 'persönliche Bedürfnisse' zur Verfügung standen. Nach einem Jahr konnten sie genügend Geld nach Hause schicken, um ihren Eltern ein Haus zu bauen. Nach einigen weiteren Jahren konnten sie den Eltern etwas Reisland kaufen. Aber 1975 waren die Amerikaner weg. Dürrezeiten und Mißernten führten zur Verschuldung der Familie. Deshalb gingen die beiden älteren Töchter nach Bangkok als Prostituierte. Dort heiratete eine der beiden einen Mann aus dem Nordosten und ging wieder aufs Land zurück. Dadurch hatte die Familie eine Einkommensquelle verloren, und Taew wurde gedrängt, nach Bangkok zu gehen. Sie ging, versuchte aber zunächst, andere Jobs zu finden. Im Baugeschäft beim Zementmischen verdiente sie zu wenig, als Hausmädchen gefiel es ihr nicht. Sie arbeitete dann als Kellnerin in einem Restaurant, fand aber heraus, daß ihr Chef, Mädchen als Prostituierte ins Ausland verkaufte.
Mißtrauisch geworden, ging sie weg und arbeitete schließlich als Masseuse. So konnte sie durch ihr hübsches Aussehen wesentlich mehr Geld verdienen als außerhalb des Sexgeschäfts. Der erste Kunde zahlte 8000 Baht (800 DM) für ihre Entjungferung. 2000 Baht davon hat sie selbst bekommen und finanzierte damit einen Trinkwasserbrunnen für die Familie. Sie mochte die Arbeit nicht, es ging ihr zunächst sehr schlecht, sie weinte tagelang. Dann lernte sie ihren Freund kennen, der sie überredete, ihren Job aufzugeben. Er war aber nicht reich, und die Familie bat erneut um Geld. Sie hörte von der Möglichkeit, Geld zu verdienen, indem sie mit einem Fremden während seines Urlaubs zusammenlebte.

Nach einem Krach mit ihrem Freund und erneuten Geldforderungen der Eltern ging sie schließlich in die großen Hotels, um sich einen Fremden zu suchen. Sie machte nicht oft von dieser Möglichkeit Gebrauch, es gefiel ihr nicht, aber sie mußte regelmäßig Geld für die Schulausbildung ihrer Geschwister nach Hause schicken.

Sie arbeitete einige Wochen als Verkäuferin, aber sie konnte nicht gut mit den Kollegen zusammenarbeiten. Sie hatte das Gefühl, daß man auf sie herabgeblickt, nachdem man ihre Vergangenheit als Masseuse in Erfahrung gebracht hatte. Außerdem konnte sie sich nicht an Busse gewöhnen, sie war gewohnt, Taxi zu fahren und die Arbeit erschien ihr zu hart.

Zukunftspläne hat sie keine genauen; es würde ihr nichts ausmachen, Nebenfrau eines netten, reichen Mannes zu werden. Ihrem Freund vertraut sie nicht. Ihre Eltern sollen nicht erfahren, auf welche Weise sie ihr Geld verdient. Sie erzählt, sie würde in einem besseren Restaurant arbeiten. Die Eltern schienen es auch tatsächlich nicht zu wissen. Die älteren Schwestern und die Tante wissen es. Die Nachbarn wissen es auch, aber sie sprechen es nicht aus. Die Eltern sind offensichtlich sehr stolz auf ihre Töchter und verbreiten das Gerücht, sie sei in Bangkok gut verheiratet.
Die Situation der Familie hat sich verbessert, aber ohne die Einkünfte von zwei Töchtern aus der Stadt könnten sie nicht menschenwürdig leben. Diese Geldsendungen machen über die Hälfte des Familieneinkommens aus." (nach Phongpaichit 1982, 40)

Aber nicht alle Mädchen sind bereit, "in den Süden" zu gehen. Phongpaichit interviewte z.B. Ploy, ein Mädchen aus einem Dorf im Norden. Zusammen mit ihrer Zwillingsschwester war sie zur Schönheitskönigin gewählt worden. Ihre Schwester arbeitet inzwischen im Sexgeschäft, sie begleitet Touristen auf ihren Urlaubsreisen und hat für die Familie ein schönes Teakhaus gebaut. Ploy hält aber bisher dem Druck der Eltern, ebenfalls nach Bangkok zu gehen, stand. Sie ist von ihrer Schwester gewarnt worden. Die jüngere Schwester allerdings scheint nicht so abgeneigt, später in den Süden zu gehen. Sie sah die Mädchen, die in die Stadt gegangen waren und in schönen Kleidern zurückkehrten. Die schönen Kleider der Prostituierten, die aufs Land zurückkehrten, sind manchmal eine Verlockung für die jüngeren Schwestern und fördern die Bereitschaft, ihnen zu folgen, zumal sie sich nicht vorstellen können, worin deren Arbeit besteht.

Die "natürliche" und "freie Sexualität" der Thailänderin - Klischee und Wirklichkeit

Das Gerücht von der angeblich "freien Sexualität des thailändischen Naturvolkes", das besonders von der Pornoindustrie vermarktet wird, ist die gröbste und folgenschwerste Unwahrheit im Klischee der Südostasiatin. Die Thais sind weder ein

"Naturvolk" noch herrscht dort eine "lockere Sexualmoral". Gerade im thailändischen Buddhismus wird Sexualität als ein leidiges, körperliches Bedürfnis betrachtet, das es zu überwinden gilt auf dem Weg ins Nirwana. Die Frau, von der angenommen wird, daß sie der Natur, dem Irdischen, stärker verhaftet ist, wird die Fähigkeit, sexuelle Bedürfnisse zu kontrollieren, weniger zugesprochen als dem Mann. Sie wird als Verführerin gesehen, die den Mann zu sich "herunterziehen" kann und will, zu niederen körperlichen Bedürfnissen. Frauen werden magische sexuelle Kräfte zugeschrieben. Weibliche Sexualität wird so zu einer Bedrohung für die Männer, die zum Schutz gegen sie zahlreiche Verhaltensregeln und Meidungstabus aufgebaut haben. Körperliche Kontakte zwischen Männer und Frauen in der Öffentlichkeit, z.B. Händchen halten, Umarmungen oder gar Schmusen, sind in Thailand nicht üblich und ein Erkennungsmerkmal für Prostituierte. Häufig zu beobachten ist allerdings, daß Frauen unter sich händehaltend spazierengehen.

Auf dem Hintergrund dieser Ausführungen wird deutlich, daß Prostitution in Thailand alles andere als eine "Art religiöser Tätigkeit" oder ein "Gottesdienst" ist. Im Gegenteil, Prostitution ist moralisch streng verwerflich. Die Schuld für die Prostitution wird dabei der Frau zugewiesen, nicht dem Mann, der sie benutzt.

Die Frauen im "Unterhaltungsgeschäft" stehen somit in dem schlimmen Gewissenskonflikt zwischen der Verpflichtung, den Unterhalt für die Familie zu verdienen, und den buddhistischen Moralvorstellungen. Die Frauen, die sich prostituieren, entscheiden sich für das Überleben der Familie unter großen Gewissenskonflikten, sofern sie überhaupt eine Entscheidungsmöglichkeit haben.

IV Tourismus – Prostitution – Prostitutionstourismus in Thailand

Beschäftigt man sich in der Bundesrepublik mit dem Prostitutionstourismus nach Thailand, stößt man häufig auf die Behauptung, daß die Prostitution tief in der Tradition Thailands verankert sei. In diesem Zusammenhang ist oft von der "Kunst des Liebens" die Rede - und das nicht nur in Veröffentlichungen niederen Niveaus, sondern auch in Zeitungen und Zeitschriften, die einen sachlichen, kritischen Anspruch erheben. So schreibt die FAZ am 22. März 1984 unter der Überschrift "Hinter manchem Bordell ein Massengrab?"

> "Deutsche und andere Ausländer, vor allem Touristen und amerikanische Soldaten, für das blühende Sexgeschäft verantwortlich zu machen, was in Thailand immer wieder einmal versucht wird, wäre denn auch höchst ungerecht. Denn 'Massage' und Prostitution florierten in Siam schon lange bevor die ersten 'Farang' (Fremden) auftauchten."

Man vermutet, daß es Prostitution, allerdings in sehr geringem Ausmaß, bereits seit der Staatsgründung im 11. Jahrhundert gegeben hat. Nach Skrobanek gibt es Hinweise auf eine Zahl von 600 Prostituierten in der damaligen Hauptstadt Ayuthaya (vgl. Skrobanek 1983, 29). Ursache war die Verpflichtung der Männer zum Frondienst (Corvee System). "Wo auch immer viele Männer ohne ihre Frauen leben, sind Prostituierte zugelassen, um die sexuellen Bedürfnisse von Männern zu befriedigen" (ebenda, 28). Prostitution entsprang der Armut. Sie wurde von den Männern der Oberschicht, die ihren Harem hatten, nicht in Anspruch genommen. Die Prostituierten waren verachtet, ihre Kinder wurden als Außenseiter behandelt.

Als im 19. Jahrhundert der Reisexport bedeutend wurde, wanderten chinesische Lohnarbeiter ein. Sie arbeiteten im nichtagrarischen Sektor, während die Thais beim Reisanbau blieben. Wo viele unverheiratete, überwiegend chinesische Männer, arbeiteten, kam Prostitution auf. Auch die Prostituierten waren meist Chinesinnen. "Jedes Jahr wurden chinesische Frauen und

Mädchen nach Siam gebracht, um sexuell ausgebeutet zu werden" (ebenda, 30). Agenten brachten die Frauen, die oft von ihren verarmten Eltern verkauft worden waren, ins Land.
Nach 1930 waren nach den Angaben von Skrobanek 80% der Bordelle chinesisch. Das galt sowohl für die Prostituierten wie ihre Besucher. Viele Chinesinnen arbeiteten in Tee- und Kaffeehäusern, wo auf Verlangen sexuelle Dienstleistungen in Anspruch genommen werden konnten. So entstand eine für Thailand neue, heute typische Form des Bordells.
Die Prostitution in Thailand ist nicht vergleichbar mit dem 'Geisha-System' in Japan oder der Tempelprostitution in Indien. Nach Skrobanek erweist sich die Behauptung, die Prostitution sei in Thailand in einer weitreichenden Tradition verwurzelt als falsch. Sie entpuppt sich als Slogan, der aus Geschäftsgründen eingesetzt wird und den Prostitutionstouristen als Entschuldigung oder Rechtfertigung dient.

Um 1930 arbeiteten auch französische, englische, russische und amerikanische Prostituierte in Bangkok. Vor allem die französischen waren wesentlich teurer als die Einheimischen, wobei die Thais eine Minderheit unter den Prostituierten blieben. Während um diese Zeit die Zahl der Prostituierten in Bangkok in amtlichen Schätzungen auf 2.000 festgelegt wurde, wurden 1957 20.000 geschätzt (Skrobanek 1983, 32). Diese Schätzungen sind zwar nicht unbedingt realistisch, es kann aber ein deutliches Anwachsen der Prostitution von 1930 bis 1957 festgestellt werden, das jedoch in keinem Verhältnis zum Anwachsen ab den 60er Jahren stand.

1960 wurde die Prostitution in Thailand offiziell verboten, zu einem Zeitpunkt also, als sich bedingt durch die Kriegsführung der USA in Vietnam die Massenprostitution zu entwickeln begann. Von 1962 - 1976 war auf sieben Hauptluftbasen amerikanisches Militär in Thailand stationiert. Zusätzlich wurden bis zu 700.000 GI's aus den Kampfgebieten ins Land geflogen. "Um die Moral der Truppe aufrechtzuerhalten" (Grady 1983, 8), bekamen die Soldaten jedes halbe Jahr im Rahmen eines großangelegten 'Rest and Recreation'-Programms einen Monat Urlaub aus dem Kampfgebiet. In Bangkok entstan-

den die heutigen Rotlichtviertel und im Nordosten des Landes, wo das amerikanische Militär stationiert war, blühte das Sexgeschäft auf. Es entstanden viele Bars und Bordelle für die Soldaten. Neue Berufe wie Masseuse und Stripteasetänzerin kamen auf. Es entstand das neue Wort 'mia chao', was soviel bedeutet wie 'gemietete Ehefrau'. Einige amerikanische Soldaten mieteten sich eine Ehefrau auf Zeit für den Haushalt und für sexuelle Dienste (vgl. Skrobanek 1983, 36-37). Die Ausgaben der Soldaten für ihre 'Erholung' wurden eine wichtige Devisenquelle für das Land (vgl. Phongpaichit 1982, 5). Ähnlich verlief die Entwicklung der Massenprostitution auf den Philippinen. Die Städte Olangapo und Angeles, in deren Umgebung auch heute noch amerikanisches Militär stationiert ist, bilden die Hauptplätze des Sexgeschäftes.
Mit dem Abzug des amerikanischen Militärs ging der Absatzmarkt für das Sexgeschäft verloren, das sich als wichtige Devisenquelle erwiesen hatte. Private Geschäftemacher schlossen mit Unterstützung des Staates die "Lücke" mit Hilfe des Tourismus. Die "schönen Mädchen" und das "billige Nachtleben", das bisher den Soldaten angeboten worden war, wurden ab Beginn der 70er Jahre - mit Erfolg - etwa den bundesrepublikanischen Männern angepriesen. Die Touristenzahlen stiegen mit wachsender Geschwindigkeit. Dieser "Erfolg" steht dabei im Zeichen einer allgemeinen Zunahme der Fernreisen und der Einführung von Billigflügen.

1965 waren in Thailand ca. 250.000 Touristen ins Land gekommen. Im Lauf der 70er Jahre stieg die Zahl sprunghaft bis auf 1,1 Mio. im Jahre 1976 an. 1979 waren es 1,6 Mio. und 1980 gar 2,22 Mio. Touristen (vgl. Tourismus- Prostitution-Entwicklung 1983a, 49; vgl. auch Thitsa 1980, 13). Das Jahr 1980 wurde von der Regierung zum "Jahr des Touristen" ernannt. 1981 ging die jährliche Wachstumsrate des Tourismus von 33% (1975-1980) auf 10% zurück, vor allem die Zahl der europäischen Touristen stagnierte (vgl. Sricharatchanya 1983, 118).

Woher kommen diese Touristen? Von den 2,22 Mio. Touristen 1980 kamen ca. 207.000 Besucher aus Japan, ihnen folgten die Europäer, an ihrer Spitze die Bundesdeutschen mit ca.

Bangkoks Massagesalons ähneln gewaltigen Büropalästen oder Einkaufszentren

Bangkok: Gardinen- oder Nummernhotel in der Soi Ekkamai

(aus: »Reiseführer« »Käufliche Liebe in Südostasien«)

92.000 Besuchern. Auf die Philippinen, einem weiteren Hauptziel des Sextourismus, zog es im gleichen Jahr nur rund 30.000 westdeutsche Touristen (vgl. Tourismus- Prostitution-Entwicklung 1983b, 14). Zahlreiche Besucher kommen aus den USA und in den letzten Jahren verstärkt auch aus der arabischen Welt sowie aus den südostasiatischen Nachbarstaaten. In Australien wird seit dem Stagnieren der europäischen Besucherzahlen verstärkt geworben (vgl. Sricharatchanya 1983, 118).

Die Zahlenangaben über die Verbreitung der Prostitution sind mit Vorsicht zu betrachten. Es sind mehr oder minder spekulative Schätzungen, da Prostitution illegal ist und die Prostituierten nicht registriert werden. Zudem ist die Gelegenheitsprostitution weit verbreitet. Nach einer offiziellen Schätzung der Regierung soll es Anfang der 80er Jahre 18.000 Prostituierte in Bangkok gegeben haben. Andere Schätzungen liegen dagegen zwischen 100.000 und 200.000. Die Zahl der Prostituierten in ganz Thailand wird auf eine halbe Million bzw. 10% aller 14- 24-jährigen Frauen geschätzt (vgl. Phongpaichit 1982, 7). Wilke nennt für Bangkok Schätzungen von 300.000 Prostituierten, für ganz Thailand Zahlen von 500.000 bis zu einer Million (Wilke 1981, 3). Nach dem Bericht von Dauth in der Frankfurter Rundschau vom 2.2.84 soll auf den Philippinen die Zahl der Prostituierten nach offiziellen Schätzungen die Millionengrenze überschritten haben.

Da Prostitution verboten ist, gibt es keine Etablissements, die sich offiziell Bordelle nennen. Bei einer wissenschaftlichen Untersuchung wurden in Bangkok folgende Einrichtungen des Sexgeschäfts gezählt: "(...) 119 'Massage'-Salons, 119 Schönheits- und Teehäuser, 97 Nachtclubs, 248 verkappte Bordelle und 394 einschlägige Deco Restaurants"; das "Angebot etwa an Massage-Salons reicht von schäbigen Hinterhofetablissements, wo von 'Massage' gar nicht mehr die Rede und eine Frau schon für vier Mark die Stunde 'zu haben ist', bis hin zu luxuriösen Häusern mit 400 'Masseusen', in denen die Raumausstattung wählbar ist" (Tourismus- Prostitution- Entwicklung 1983b, 15).

Eine besonders erschreckende Erscheinung der Prostitution in Thailand ist die hohe Beteiligung von Kindern. Allein in Bangkok sollen 30.000 Mädchen unter 15 Jahren als Prostituierte arbeiten (Föste 1982, 39). Der Umschlagplatz für Kinder, die von Agenturen auf dem Land den Eltern abgekauft wurden und nun von diesen weiterverkauft werden ist der Bahnhof 'Hualampong'. Dauth beschreibt die Atmosphäre dort:

> "Kurz zuvor war ein Zug aus dem Norden eingetroffen, der 'frische Ware' aus den ärmlichen Dörfern am Mekong-Fluß brachte. Sunant Service, eine der Agenturen, bot 15 Kinder an, sieben Mädchen und acht Knaben. Die Ware konnte besichtigt werden. Für jedes Kind wurde ein Grundpreis festgelegt, der die unmittelbaren Kosten deckte. Auf dem Wege der Versteigerung wurden die Preise auf 3000 bis 5000 Bath hochgetrieben, also auf 300 bis 500 DM. Kinder, die keinen Bieter finden, werden später als 'leftover', als Ausschuß, unter dem Selbstkostenpreis abgegeben. Die hübschesten Mädchen werden abgesondert. Hinter einer Trennwand werden sie ausführlich untersucht. Sie sind für die Bordelle bestimmt." (Dauth 1984, 16)

Ausländische und einheimische Kunden sind bereit, für eine Entjungferung hohe Summen zu bezahlen, besonders wenn das Mädchen hübsch ist. Die Bordelle tauschen die Mädchen oft untereinander aus, "um so den Anschein zu erwecken, ihr Bordell böte immer 'frische' Mädchen" (Föste 1982, 39). Außerdem ist es so für die Eltern schwieriger, ihre Kinder wiederzufinden.

Wie aus Kapitel I bereits ersichtlich wurde, kommt der Kinderprostitution in der bundesrepublikanischen Werbung für den Prostitutionstourismus eine große Bedeutung zu, auch wenn diese Werbung häufig nur indirekt erfolgen kann.

<u>Welche Zusammenhänge bestehen nun zwischen Prostitution, Tourismus und Sextourismus?</u>

1980 waren 71,1% aller Besucher Thailands männlichen Geschlechts. Für Pattaya, dem Touristenort am Meer, wo fast 50% der thailändischen Touristeneinkünfte erwirtschaftet werden, nennt Wilke einen Männeranteil von 86,3% (Wilke 1981, 3). Bei den japanischen Besuchern lag der Männeranteil über 80% (vgl. Thitsa 1981, 13). Über den Männeranteil der bundesdeutschen Touristen in Thailand konnte ich keine Zahlenangaben finden, auf den Philippinen lag der deutsche Männeranteil bei 72,1% (vgl. Tourismus- Prostitution- Entwicklung 1983b, 19).

Wo die Touristen hinkommen, blüht in Thailand, so etwa im oben erwähnten Badeort Pattaya, das Sexgeschäft. Bangkok, das heute im Ruf steht, größtes Bordell der Welt zu sein, ist mit mindestens ein bis zwei Übernachtungen in nahezu jeder Südostasienrundreise, die von deutschen Reiseveranstaltern angeboten wird, enthalten. Die "zwingende" Atmosphäre beschreibt ein Thailandreisender im münsterschen "alternativen" Stadtblatt, der angibt, sich schon vor der Reise mit dem Sextourismus auseinandergesetzt zu haben und der sich das alles aus "äußerer und innerer Distanz" betrachten wollte. Die "komischen Pärchen", die "häßlichen Neckermanndeutschen" und die "hübschen Thaimädchen" sind ihm dann auch sofort ins Auge gefallen. Was weiterhin geschah, mögen wohl einige andere Touristen ähnlich erlebt haben:

> "Ich wurde neugierig. Oder war es Verunsicherung ... Überall herrschte eine nicht zu benennende Spannung. Ich hatte das Gefühl, als erwarteten alle etwas ganz bestimmtes von mir. Im Tasa lächelte der Fahrer verständnisvoll fragend und guckt verständnislos enttäuscht, als ich Wat Phro Singh, eine alte Tempelanlage, als Ziel angebe. Es liegt etwas in der Luft, etwas Unausgesprochenes, vielleicht etwas Faszinierendes. Im Lauf des Tages wird klar, was das Unausgesprochene ist, sei es von Leuten auf der Straße oder auch von einem besorgt dreinblickenden Kellner, der wissen will, ob wir noch keine girls gefunden haben. Wir lehnen dankend ab - wir doch nicht." (Stadtblatt 1983, 10)

Später bleibt ihm "keine Chance, alles aus Distanz zu betrachten", er ist betroffen "wegen der Wünsche, die aufkommen".

> "Ist es denn wirklich so verwerflich, wenn wir uns auf diese Mädchen einlassen, ist es denn nicht vielleicht auch für die Mädchen angenehmer, als sich mit den häßlichen Deutschen abzugeben!" (Stadtblatt 1983, 11)

Er hat jedenfalls sein Mädchen gefunden und ist am anderen Morgen aufgewacht mit dem Gefühl, daß irgendetwas mit Sicherheit nicht richtig gewesen ist.

(Pattaya Photo: Heidi Thiemann)

Auch wenn die Darstellung unseres anonymen Autors etwas zu dick aufgetragen, die Auseinandersetzung mit dem Sextourismus zuvor doch nicht so tiefgehend gewesen ist und die Atmosphäre insgesamt vielleicht nicht ganz so zwingend war, so wird doch deutlich, daß der männliche Tourist in Bangkok mit dem Sexgeschäft mehr oder minder direkt konfrontiert wird. Bei weitem nicht alle geraten jedoch dabei in Gewissenskonflikte.

Viele Prostituierte versuchen, ausländische Kunden zu bekommen, da diese durchschnittlich mehr Geld als die einheimischen Kunden besitzen. Zudem gehen sie im Urlaub vielfach freigiebiger mit dem Geld um als zu Haus. Die Farangs (Fremden) wekken durchweg den Eindruck, reich zu sein. Ein Einheimischer beschreibt Pattaya in der Reisesaison:

> "Während der Touristensaison zwischen November und Februar ist Pattaya lebendig und voller Vergnügungen. Die Frauen haben Geld und die Händler und Straßenverkäufer verkaufen eine Menge Lebensmittel und andere Sachen, die Frisiersalons sind voll - die meisten ihrer Kundinnen sind die, die mit den "Farang" arbeiten. Die Mini-Taxis verdienen auch gutes Geld; die Farang zahlen gut, 20-30 (Baht), manchmal bis zu 50 für eine Fahrt, von den Einheimischen dagegen bekommen die Taxifahrer nur 5-10 Baht. Die Frauen bezahlen die Taxifahrer auch gut, wenn sie während der Touristensaison Geld haben. Außerhalb der Saison sind die Frauen arm. Jeder wird ärmer und ärmer. Die Lebensmittelverkäufer wollen in dieser Zeit ihre Waren nicht verkaufen, weil die Frauen meistens Kredit haben wollen". (Sereewat 1983b, 8)

> "Pattaya ist zum Teil fest in Händen von deutschen, österreichischen und schweizerischen Restaurant-, Bar- und Hotelbesitzern. 'Saftige Steaks und schöne Mädchen' verspricht einer, (...) (es gibt eine) 'Basler Gasse' (...) Natürlich gibt es auch ein 'Haus München' und eine Hafenbar. Auch der Manager in der beliebten Disco 'Firehouse' ist aus Deutschland. (...) Viele Umsteiger verdienen gut, viel besser als in Deutschland. Das haben sie ihrer Tüchtigkeit zuzuschreiben, dem viel niedrigeren Lebensstandard in Siam und nicht zuletzt den Mädchen, mit denen der Unternehmer kaum Kosten, sondern eher Gewinne hat. Er bezahlt etwa einer Tänzerin (...) 250 DM, bekommt aber von jedem 'Freier' eine Auslösesumme, die vor Mitternacht 40 DM und danach die Hälfte beträgt." (Humbold 1984, 9)

In diesem Zusammenhang von der Tüchtigkeit deutscher oder europäischer Geschäftsleute zu sprechen, ist reichlich unangemessen. Pattaya ist nicht nur ein Ort der europäischen,

(Pattaya Photo: Heidi Thiemann)

insbesondere der deutschen Sextouristen geworden, sondern auch ein Tummelplatz der europäischen Geschäftemacher. Von hier aus wird ein Teil des "Exports" thailändischer Frauen nach Europa, insbesondere in die Schweiz und die BRD organisiert (Sereewat 1983b, 8). Aber nicht nur in Pattaya ist das Sexgeschäft auf deutsche Touristen eingestellt. Beispielsweise läßt sich auch in Bangkok ein "Bayrischer Bierkeller" mit "Blaskapelle" und "thailändischen Kellnerinnen" im Dirndl finden (vgl. Heyne Reiseführer 1980, 36).

Ohne den Tourismus wäre die Entwicklung der Prostitution zu ihrer heutigen Form und in ihrem heutigen Ausmaß nicht möglich gewesen. Angaben über das Verhältnis einheimischer zu ausländischen Sexkunden konnte ich nicht finden. Lediglich eine Schätzung besagt, daß in den "besseren" Einrichtungen Bangkoks 50% der Kunden Ausländer sind (Tourismus- Prostitution- Entwicklung 1983, 15). Doch ist nicht so sehr die reine Anzahl der Sextouristen von Bedeutung für die Entwicklung und den Charakter des Sexgeschäftes, sondern vielmehr das Zusammentreffen zweier in einem ungleichen Kräfteverhältnis stehenden Kulturen mit sehr unterschiedlichen Werten, insbesondere unterschiedlichen Werthaltungen und Vorstellungen gegenüber der Sexualität.
Da ist auf der einen Seite die thailändische Kultur, die durch die buddhistische Philosophie geprägt wird, in der sexuelle Enthaltsamkeit als besonderes Verdienst gilt. Auf der anderen Seite steht die durch Geld- und Leistungsbeziehungen geprägte westliche Kultur der hochentwickelten Industriegesellschaften, die besonders seit den 60er Jahren einen großen Umbruch in den Einstellungen zur Sexualität, die sog. sexuelle Revolution erfahren hat. Hier wird Sex in den Medien wie in der Werbung zum Allheilmittel gegen alle Frustrationen des Lebens erhoben.

Das Verhalten der Sextouristen steht weitgehend im Gegensatz zu den thailändischen Normen. Es symbolisiert Reichtum und Macht, auch wenn viele der Touristen in ihren Heimatländern eher unteren Schichten angehören. Die Kaufkraft der D-Mark oder des Dollar verleiht ihnen für kurze Zeit Macht über die thailändische Armut. Sie exportieren die scheinbare Liberalität der "sexuellen Revolution" bis in entlegene Gebiete Thailands oder der Philippinen, in denen Pornomagazine und Pornofilme das Frauenbild negativ verändern und die Konflikte zwischen den Geschlechtern verschärfen.

Wie verhält sich die thailändische Regierung gegenüber Tourismus und Sextourismus?

Nachdem Reis lange Zeit Thailands wichtigste Devisenquelle war, hat der Tourismus mittlerweile den Reis überrundet (Sricharatchanya 1983, 118). Der Tourismus wurde von der Regierung gefördert, viele Vergünstigungen für Touristen geschaffen, ein internationaler Flughafen wurde errichtet, das Touristenvisum verlängert, Einreisebestimmungen wurden erleichtert (Tourismus- Prostitution- Entwicklung 1983a, 49). 1980 kam es zu einem staatlich geförderten Boom im Hotelbau.
Nicht nur der Tourismus, auch der Prostitutionstourismus wird gefördert. Im Oktober 1980 forderte der amtierende Vizepremierminister Boonchu Rajnasthien die Provinzgouverneure auf, auch die sexuelle Unterhaltung zur Förderung des Tourismus einzusetzen. Wörtlich sagte er:

> "Innerhalb der nächsten zwei Jahre brauchen wir Geld. Deshalb sollten alle Gouverneure die natürlichen Attraktionen in ihren Provinzen zusammen mit einigen Arten der Unterhaltung in Erwägung ziehen. Einige von ihnen mögen diese Arten der Unterhaltung abstoßend und beschämend finden, denn es sind vor allem die sexuellen Arten der Unterhaltung, die die Touristen anziehen. Diese Arten der Unterhaltung sollten nicht verboten werden, nur weil wir hohe Moralvorstellungen haben. Nur ausgesprochene Unanständigkeiten, die den Zerfall der moralischen Werte zur Folge haben könnten, sollten innerhalb vernünftiger Grenzen verhindert werden. Wir müssen dies tun, denn wir müssen an die Arbeitsmöglichkeiten denken, die dadurch für das Volk geschaffen werden". (zit. nach Skrobanek 1983, 39)

Der Tourismus ist in Thailand, wie in allen Ländern der Dritten Welt, eine zwiespältige Angelegenheit. In erster Linie sind es die Reichen des Landes, die ihr Geld in den Tourismus investieren, die sich auch an ihm bereichern können. Insgesamt bleibt jedoch nur ein kleinerer Teil des von den Touristen für ihre Urlaubsreise gezahlten Geldes im Land. Der in Thailand verbleibende Anteil der Kosten einer Thailandreise beläuft sich nach Expertenschätzungen auf 30, höchstens auf 40 Prozent (vgl. Straatmann 1980, 26).

Der Tourismus macht hohe staatliche Investitionen erforderlich, z.B. Schaffung des entsprechenden Verkehrsnetzes, Hotelbau, Flugplatzeinrichtung und der Energieversorgung. Die ausländischen Besucher wollen auch im Urlaub nicht auf die vertrauten Nahrungs- und Genußmittel verzichten. Das bedeutet Einfuhr z.B. teurer Weine, Spirituosen aus Europa.

Viele Touristenunternehmen sind in ausländischer, vor allem deutscher, schweizerischer und österreichischer Hand. Auch das Personal wird vom Ausland gestellt (z.B. werden deutsche und japanische Reiseleiter benötigt). Die hohen Summen, die für die Erfordernisse des Tourismus vom Staat ausgegeben werden müssen, gehen anderen Bereichen, vor allem der Landwirtschaft verloren.

Der gewaltige Hotelbau in Thailand erwies sich in den letzten Jahren bereits als Fehlkalkulation. Bei stagnierenden Touristenzahlen stehen die für weiteres Wachstum geplanten Luxusbauten leer. Die zerstörerische Wirkung des Tourismus wird besonders an Pattaya deutlich. Pattaya, in den 50er Jahren noch ein kleines Fischerdorf, wandelte sich zum berüchtigsten Urlaubsort Thailands wenn nicht gar Südostasiens. Ein Einheimischer stellt fest:

> "Es wurde eine häßliche Stadt, wegen des Tourismus, besonders wegen des Sextourismus. Sogar ausländische Touristen, die nicht wegen Sex kamen, fanden es häßlich ... Viele Thais, die nach Pattaya kommen, um Ferien zu machen, mögen nicht, was sie sehen. Eine Art Verärgerung, ja sogar Haß beginnt zu wachsen, der besonders gegen die Ausländer gerichtet ist. Dieses Gefühl entwickeln vor allem die thailändischen Frauen, die hierher kommen, denn sie werden oft fälschlicherweise von den Sextouristen für Prostituierte gehalten". (Sereewatt 1983b, 6)

Für viele männliche Touristen in Thailand scheint die Welt ein Selbstbedienungsladen zu sein, mit Frauen als besonderer Spezialität.

(Pattaya Photo: Heidi Thiemann)

Wie ergeht es den Frauen und Mädchen im Sexgeschäft?

Mädchen, die für Geld ihren Familien abgekauft worden sind und diese Summe nun abarbeiten müssen, ohne selbst bezahlt zu werden, die sog. "abhängigen Mädchen" (bonded girls), haben es wesentlich schwerer als die Prostituierten, die sich ihre Arbeit und manchmal auch ihre Kunden selbst aussuchen können. Ein Beispiel für ein "abhängiges Mädchen" ist Lek, dessen Schicksal ich hier kurz wiedergeben möchte (vgl. dazu Phongpaichit 1982, 59/60).

Lek kam aus einer armen Familie im Nordosten, die durch die Dürrezeiten und durch Krankheit von Familienmitgliedern landlos geworden war. Die Eltern mußten als Lohnarbeiter auf dem Land arbeiten. Die jüngsten Kinder konnten aus finanzieller Not nicht zur Schule geschickt werden. Lek kannte nur die Armut. Sie hatte die Mädchen in schönen Kleidern gesehen, die nach Bangkok gegangen waren und ihre Ferien im Dorf verbrachten. Sie wollte auch schöne Kleider und Geld für genügend Nahrung haben. 1980 kam ein Agent, der von der Armut der Familie erfahren hatte. Er bezahlte den Eltern Geld und brachte sie in ein Bordell. Das Bordell in einer kleinen Stadt mußte schließen und Lek kam zurück. Ihr Vater brachte sie nach Bangkok, man brauchte Geld für die Behandlung der kranken Mutter. In dem Massagesalon, in dem Lek arbeitet, sind von den 30 Frauen die Hälfte 'bonded girls', die Schulden abarbeiten müssen. Sie müssen täglich mehrere Männer über sich ergehen lassen. Lek mag die Arbeit nicht und würde gerne nach Hause gehen. Wenn die Mädchen die Arbeit verweigern, wird der Agent 'pretty rough'. Der Pförtner sagte, daß man die Mädchen 'nicht wirklich' schlägt, aber man erlaubt ihnen nicht, das Haus zu verlassen.

Zu den 'bonded girls' gehören häufig auch besonders junge Mädchen. Am 10.2.1984 berichtete die Frankfurter Rundschau über einen Hotelbrand auf der Touristeninsel Phuket, bei dem Prostituierte - davon viele unter 15 Jahren - verbrannten, weil sie eingesperrt waren. Offenbar ist die Zwangsprostitution in vergitterten Häusern in Thailand keine Sel-

tenheit.
Doch nicht alle Prostituierten leben eingesperrt, ihrer persönlichen Freiheit beraubt, ohne oder nur mit geringem Verdienst und mehreren Kunden am Tag. Manche sind in der Lage, ein recht luxuriöses Leben zu führen und andere prostituieren sich nur gelegentlich, wenn es unbedingt sein muß.

Auch Frauen aus Mittelschichten prostituieren sich gelegentlich, doch bilden sie entgegen einigen Behauptungen in deutschen Medien nur eine kleine Minderheit (vgl. Sereewat 1983a, 12). Der Weg von der Prostituierten zur Nebenfrau eines thailändischen Mannes und umgekehrt ist oft nicht sehr weit, da Polygamie bei Männern, die es sich leisten können, eine weitverbreitete Praxis ist. Ein großer Teil der thailändischen Frauen in der Stadt bevorzugt es sogar, Nebenfrau zu sein, denn damit sind weniger Verpflichtungen verbunden, und Nebenfrauen haben heute anders als früher ihre eigenen Wohnungen (vgl. Hantrakul 1983, 7).

Über die Einkommensverhältnisse berichtet Phongpaichit: "Ein abhängiges Mädchen in einem miserablen Haus mit einem betrunkenen, unehrlichen Besitzer muß froh sein, 500 Baht monatlich (das sind ca. 50 DM, S.L.) zu bekommen." Sie nennt eine Studie, wonach die Prostituierten durchschnittlich 850 DM monatlich verdienen. Die Massagemädchen erreichen durchschnittlich ungefähr 500 DM, wobei die Einkommen zwischen 100 DM und 1500 DM schwanken. Ein gutaussehendes Mädchen in einer besseren Einrichtung kann bis zu 2500 DM monatlich verdienen (Phongpaichit 1982, 19). Das Geld, das die Frauen bekommen, ist jedoch nur ein geringer Teil dessen, was die "Kunden" bezahlen. In erster Linie verdienen die Besitzer der Etablissements, die Agenten, sowie auch die Behörden und die Polizei. Aber im Vergleich mit Fabrikarbeiterinnen verdienen die Frauen und Mädchen im Sexgeschäft relativ "viel".

Die Prostitution ist ein harter Job, der häufig mit gesundheitlichen Schädigungen verbunden ist. Besonders belastend sind Geschlechtskrankheiten, die weit verbreitet sind. Bei Thitsa findet sich eine Angabe, nach der 70% der Prostituierten geschlechtskrank sein sollen (Thitsa 1980, 13). Die Zahl von 90% bei Wald scheint demgegenüber etwas hoch gegriffen zu sein (Wald o.J., 91). Ein besonderes Übel soll ein resistenter Tripper-Bazillus sein. "Es scheint, daß die Immunität der Mikroorganismen durch die ständige Einnahme von kleinen Penicillindosen bei asiatischen Freudenmädchen und ihren Kunden gezüchtet wurde." (Wald, o.J., 91) In Bangkok gibt es zahlreiche Privatkliniken, die auf die Behandlung von Geschlechtskrankheiten spezialisiert sind.

Leider fand ich in der Literatur keinerlei Hinweise auf die Anwendung von Verhütungsmitteln. Phongpaichit zitiert eine Untersuchung, nach der 19% von 1.000 untersuchten Prostituierten bereits eine Abtreibung hinter sich hatten. Da Abtreibung in Thailand gesetzlich verboten ist, gibt es oft Eigenversuche oder Abtreibungen, die von Nichtfachleuten durchgeführt werden und oft schwere gesundheitliche Schädigungen wenn nicht gar den Tod zur Folge haben. Die körperlichen und psychischen Belastungen fordern ihren Preis. Ein Viertel der Prostituierten nimmt regelmäßig Drogen, meist Heroin und es scheint einen zunehmenden Trend zum Alkohol unter denen, die in Nachtclubs und Bars arbeiten, zu geben.

Viele Probleme, die die Prostituierten haben, resultieren aus der Illegalität der Prostitution. Wenn sie brutal behandelt oder um ihr Geld betrogen werden, können sie sich nicht an die Polizei wenden, da sie selbst durch das Verbot der Prostitution kriminalisiert werden. Die Illegalität der Prostitution bei gleichzeitiger offensichtlicher massenhafter Prostitution fördert zudem die Korruption. Es müssen "Schutzgelder" an Polizei und Behörden gezahlt werden, damit diese ein Auge zudrücken. Die Prostituierten sind so der Willkür der Polizei ausgesetzt, die häufig zur Kundschaft der Etablissements gehören (Wilke 1983, 48). "Man hält sich an die, die sich am wenigsten wehren können, die Mädchen. Wehe ihnen, wenn sie von der Polizei nach der Sperrstunde um 1 Uhr aufgegriffen werden. Haft- und Geldstrafen drohen" (Wald o.J., 91). Seit 1980 wird im Parlament darüber diskutiert, ob die Prostitution legalisiert werden soll. Die Regierung zieht dabei in Erwägung, die Prostituierten zu registrieren und ihr

Einkommen zu besteuern. Verschiedene Frauenorganisationen und auch die Prostituierten selbst wehren sich dagegen. Zwar fordern auch sie die Legalisierung der Prostitution, doch sollen die Frauen und Mädchen nicht registriert und damit lebenslänglich stigmatisiert werden (vgl. Skrobanek 1983, 40).

Da in den Medien der BRD häufig das Gegenteil behauptet wird, muß hier, obwohl es sich vielleicht erübrigt, festgestellt werden: die Frauen und Mädchen im "Unterhaltungsbereich" mögen ihren Job nicht und wollen nur solange im Geschäft bleiben, bis sie genügend Geld verdient haben, um sich eine eigene Existenz zu sichern oder bis die Familien nicht mehr von ihrem Einkommen abhängig sind.

> "Ich habe mich auch prostituiert, vor allem für Ausländer. Die meisten meiner Kunden waren Schweizer und Deutsche. Viele von ihnen waren richtige Sexbestien, wie die Japaner ... In Wirklichkeit haßte ich diese Sextouristen, aber natürlich brauchte ich ihr Geld für meine Mutter und meine 8 jüngeren Geschwister in Korat". (Sereewat 1983b, 3)

Teilweise haben die Prostituierten gelernt, den ausländischen Kunden ein Schnäppchen zu schlagen. Hantrakul schreibt über eine Prostituierte, die sie interviewte: "Sie hatte nicht die Absicht Thailand zu verlassen und schlug Heiratsangebote von Ausländern aus. Jedoch hielt sie schriftlich Verbindung und machte denen Hoffnung, die zurückschrieben und ihr Geld schickten". (Hantrakul 1983, 25)

Es gibt sie demnach wirklich, die Prostituierten, die gelernt haben, Touristen mit bestimmten Versprechungen, manchmal falschen Eheversprechungen, dazu zu bewegen, ihnen regelmäßig Geld zu schicken. Wie weit verbreitet dieses Phänomen ist, konnte ich der mir zur Verfügung stehenden Literatur nicht entnehmen: Es tröstet mich, daß es in Thailand Prostituierte gibt, die gelernt haben, aus ihrer Situation größtmöglichen Nutzen zu ziehen, auch wenn auf der Gegenseite manchmal Männer mit großen psychischen Nöten zu finden sein mögen.

In der Heirat mit einem Europäer sehen viele thailändische Prostituierte (und nicht nur Prostituierte) eine Chance, dem harten Leben zu entkommen. Schlimm wird es für eine Prostituierte dann, wenn sie z.B. mit einem Europäer die Ferien ver-

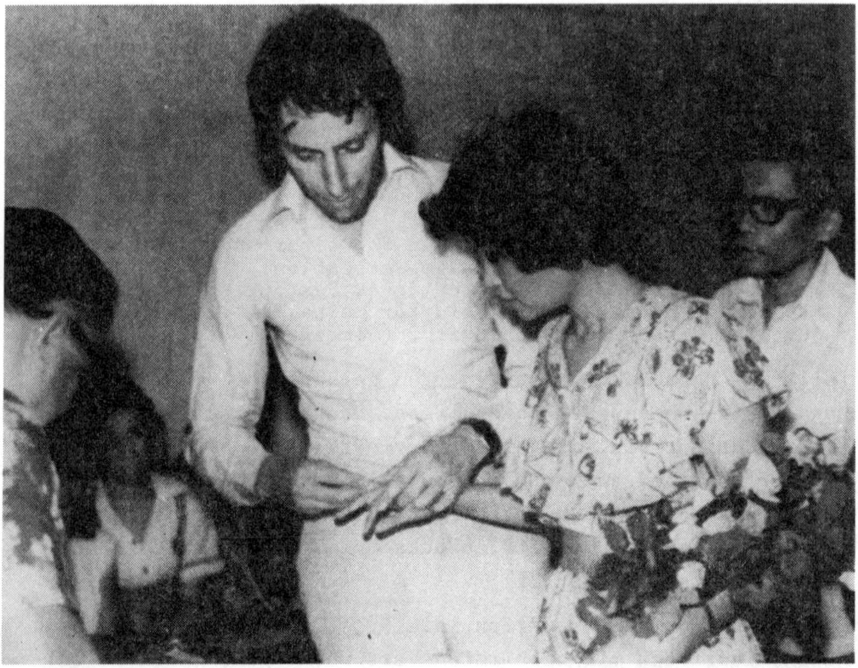

(»Hochzeit in Asien« aus: Werbeprospekt »Traumhaft schön ...« von Günter Menger)

brachte, der ihr versprochen hat, sie mitzunehmen, dann aber alleine fährt. Solch eine Situation wird beschrieben in ISIS:

> "Plötzlich entstand ein lautstarker Streit zwischen einem dicken Deutschen in mittlerem Alter und dem schlanken Thaimädchen an seiner Seite. Es schien, als ob sie während seiner Ferien geheiratet hatten, aber daß ihm jetzt, nachdem er irgendwie nüchterner geworden war, wenig danach zumute war, seine Braut nach Deutschland mitzunehmen. Wer weiß, vielleicht hätten zuhause Frau und Kinder fragend geguckt. Die Thailänderin hatte ein paar Brocken Deutsch durch ihre Arbeit aufgeschnappt, vor allem Schimpfwörter. Sie zischte scharf: 'Scheiße'. Der Deutsche lachte ziemlich dämlich. Für ihn war es wahrscheinlich ein schönes Spiel. Aber für sie war es eine ernsthafte Angelegenheit: Die Vorstellung vom Leben im reichen Europa ist verlockend." (ISIS Nr. 13, 1980, 10)

Der Ausstieg aus der Prostitution und die Rückkehr ins "normale" Leben ist in Thailand, abgesehen von den finanziellen Zwängen, nicht so schwer wie beispielsweise in der BRD. So sind viele Prostituierte vom Land wieder aufs Land zurückgekehrt und haben dort geheiratet. "Innerhalb ihrer Familien sind die Frauen nicht einfach Abhängige. Sie betrachten sich selbst als Mitglieder des Haushaltes, die zum Unterhalt beitragen und werden so auch von den übrigen Familienmitgliedern gesehen. Es ist nicht der Status einer Hilflosen und Abhängigen, der sie dazu bringt, ins Geschäft einzusteigen und ihren Körper zu verkaufen. Es ist eher die Verantwortung (gegenüber der Familie), die sie selber empfinden". (Phongpaichit 1982, 68) Im Nordosten begegnet man den zurückkommenden Frauen nicht unbedingt feindselig, sie werden geduldet, aber ihre Vergangenheit als Prostituierte wird oft mißbilligt. Im Norden ist die Einstellung gegenüber den Mädchen, die in den Süden gingen, in den ärmeren Schichten etwas "gelockerter". Die Reicheren jedoch blicken auf sie herab. Man bedauert, daß es keine anderen Einkommensmöglichkeiten gibt. Aber in Dörfern, aus denen viele Mädchen in die Stadt gegangen sind, finden sich auch Bewunderung und Lob für ihre Familientreue und dafür, daß sie, auch wenn sie schon lange in der Stadt leben, immer noch Geld nach Hause schicken. Man versteht, daß sie aus wirtschaftlicher Not gezwungen waren zu gehen. Allerdings stellte Phongpaichit in den Herkunftsorten der Prostituierten eine gewisse Doppelmoral fest. Die meisten

Leute antworteten auf die Frage, ob sie sich vorstellen könnten, daß ihr Sohn eine Frau heirate, die aus der Stadt zurückgekommen ist, mit einem klaren "Nein". (Phongpaichit 1982, 49)

V Der Weg der Frauen aus Südostasien in die Bundesrepublik

Die Zahl der europäischen Touristen stagniert seit 1980 oder beginnt sogar abzusinken. Aber der Handel mit Südostasiatinnen in verschiedene Länder der Welt, vor allem auch in die BRD, nimmt gerade in den letzten Jahren verstärkt zu. Während Thailand für den Sextourismus der Bundesdeutschen bevorzugtes Reiseland ist, sind vom Heiratshandel in die BRD philippinische Frauen ebenfalls stark betroffen. Die sogenannten Heiratsvermittler werben Frauen aus allen Schichten, in der Regel sind es aber arme Frauen, die in ihrer Heimat keine Existenzgrundlage mehr haben. Durch das Auftreten der Touristen in Südostasien sowie über importierte Filme und andere Medien wird in Südostasien ein falsches Bild geweckt vom besseren, luxuriösen Leben in Deutschland. Die Mehrzahl der Prostituierten, die nach Europa kommen, versprechen sich höhere Einkünfte, manche sehen in der Heirat mit einem Europäer die Möglichkeit, aus der Prostitution auszusteigen. So berichtet Sereewat über Prostituierte, die in der BRD auf ein Familienleben hoffen: "Besonders diese Frauen haben die Erwartung, irgendwo anders ein neues Leben beginnen zu können, mit einem reichen Mann, der ihre Vergangenheit vergessen und vergeben wird. Sie träumen davon, eine Ehefrau zu werden, in einem wunderschönen Haus, in einem europäischen Land, und Deutschland ist ihr bevorzugtes Ziel, weil sie eben viel mit deutschen Sextouristen zu tun haben". (Sereewat 1983b, 9) Über philippinische Frauen, die in den Industrieländern heiraten, heißt es in der philippinischen Zeitung 'Malaya' vom 4.2.1984: "Tatsächlich sind es diese Bindungen (gemeint sind die engen Familienbeziehungen, S.L.) und der Wunsch, Familienmitgliedern zu helfen, die in vielen Fällen die Frauen dazu bringen, Ausländer zu heiraten."

Sind die Lebensbedingungen südostasiatischer Frauen der 'push'-Faktor, der sie wegdrängt, so ist die Nachfrage nach ihnen aus den Industrieländern der 'pull'-Faktor, der sie anzieht. Um

eine kleine Stichprobe über diese Nachfrage zu machen, gab ich für den Samstag vor Ostern 1984 in den 'Westfälischen Nachrichten in Münster die Anzeige auf: "Junge Asiatin sucht deutschen Ehemann." Ich erhielt auf Anhieb 21 Zuschriften. Die Altersspanne reichte von 23 bis 60 Jahren mit deutlicher Konzentration auf das Alter zwischen 30 und 45 Jahren. Beruflich erstreckte sich das Spektrum der Briefschreiber vom Facharbeiter über Angestellte und Beamte, vom Gast- und Landwirt zum Firmeninhaber. Die Antworten sind sehr vorsichtig, enthalten kaum nähere Angaben zur eigenen Person, auch nichts darüber, wie sich diese Männer eine Ehe mit einer Asiatin vorstellen. Antworten wie "Asien und seine Menschen haben mich schon immer inspiriert" oder "Da ich Asienliebhaber bin und Fernostküche liebe und schätze, melde ich mich. Sicher kannst Du gut kochen???" bleiben Einzelfälle. Häufig sind aus den Briefen Einsamkeitsgefühle ablesbar. Drei Männer schreiben, daß sie geschieden sind, davon einer seit "12 Jahren schuldlos".
21 Zuschriften erschienen mir sehr viel. Ich wollte den Vergleich zur 'Nichtasiatin' haben und habe deshalb als Stichprobe am Samstag vor Pfingsten 1984 folgende Anzeige in den 'Westfälischen Nachrichten' aufgegeben: 'Junge, hübsche Frau sucht Ehemann'. Das 'hübsch' schließt bestimmte Frauentypen aus und kommt dem Klischee der Asiatin nahe (vgl. Kapitel II). Ich bekam 29 Zuschriften, also sogar noch mehr als beim ersten Mal. Allerdings betonten 6 der Männer, daß sie sich durch die Art der Anzeige - kurz und ehrlich, auf das Wesentlichste reduziert - besonders angesprochen fühlten. Die Männer waren zwischen 23 und 46 Jahren alt, bei ungefähr gleichmäßiger Verteilung auf diese Altersspanne. Auch diesmal waren die Berufe weit gestreut. Es antworteten Angestellte, Beamte, Handwerker und Selbständige. Teilweise fehlen die Berufsangaben. Gelegentlich ist von vergangenen Enttäuschungen und dem Alleinsein die Rede.
Ein Mann schreibt, er wünsche sich eine Partnerin "offen, zärtlich und wenig modern", ein anderer wünscht sich vor allem eine "unkomplizierte Partnerschaft", ein weiterer ein "gemütliches Heim", wiederum ein anderer eine Frau, "die treu,

anschmiegsam, lustig ist" - "eben so, wie sich ein Mann eine Frau wünscht". Ein anderer Mann möchte "Treue, Zärtlichkeit, Harmonie, Verständnis, gemütliches Zuhause und eine intakte Familie". Auffällig ist, daß derartige Erwartungen an eine Ehe in den Briefen an die Asiatin nicht formuliert werden. Braucht man einer Asiatin gegenüber diese Wünsche nicht zu formulieren? Aus den Antwortschreiben auf die Heiratsanzeige kann lediglich geschlossen werden, daß es Männer unterschiedlichen Alters und unterschiedlicher Schichtzugehörigkeit gibt, die eventuell junge Asiatinnen heiraten würden. Besonderheiten im Vergleich zur Gruppe der Männer, die auf die zweite Kontaktanzeige antworteten, fallen nicht auf. Es ist weiterhin ersichtlich, daß es in vielen Fällen auch für Männer schwierig geworden ist, zum anderen Geschlecht auf 'normalem Weg' Kontakt zu bekommen.

Daß eine hohe Nachfrage nach Südostasiatinnen besteht, wird durch die Existenz einer Vielzahl von deutschen Heiratsagenturen belegt, die sich auf die Vermittlung von Frauen aus diesen Ländern spezialisiert haben. Ihre Zahl wird häufig mit 200 angegeben (z.B. in der 'Malaya' 1984; vgl. auch die kleine Anfrage der Grünen im Bundestag). Doch gibt es Hinweise darauf, daß es sich bei ihnen häufig um die gleichen Unternehmen mit wechselnden Namen bzw. mehreren Namen gleichzeitig handelt, so daß die Anzahl der Agenturen vermutlich geringer ist; realistisch ist vermutlich die Zahl von 60 Agenturen (vgl. Schmidt/ Heine 1985, 67).

Über die Motive der Männer, südostasiatische Frauen, die man gar nicht oder kaum kennt, zu heiraten und für die 'Mann' Geld bezahlt, sind mir bisher keine Untersuchungen bekannt. Die philippinische Zeitung 'Malaya' berichtete am 2.4.84: "Die meisten Ehemänner waren beträchtlich älter als die Filipinas, oft waren es Rentner, viele waren geschieden und schienen Probleme bezüglich ihres Sozialverhaltens oder körperliche Gebrechen zu haben." Günter Menger, einer der größten sogenannten Heiratsvermittler, glaubt über seine Kunden zu wissen: "Diese Leute sind verklemmt, sie kriegen hier keine Frauen" (zit. in: EPK 5/1981, 19). Er zumindest hat eine bestimmte Zielgruppe im Auge, über die er sich lautstark äußert: "Die enttäuschten deutschen Männer sind mein Markt, ob nun von den Versprechungen der Institute oder unbedingten Selbstverwirklichungswillen der deutschen Frauen." (Menger, zit. nach Konkret, 3.3.1984, 75).

Doch nicht alle Eheschließungen kommen über eine Agentur zustande. Teilweise lernen die Männer Frauen im Urlaub kennen und bieten ihnen an, sie mitzunehmen und zu heiraten. So kam es auch zur Ehe des thai-deutschen Ehepaares, bei denen Frau Haussels, eine Thailänderin, die seit über 10 Jahren in der BRD lebt, und Heidi Thiemann,Ethnologiestudentin aus Köln, im Januar 1984 zu einem Gespräch eingeladen waren. Frau Haussels wird häufiger von thai-deutschen Ehepaaren um ihre Hilfe als Dolmetscherin gebeten.
Der Mann berichtete, auch er hätte zunächst Kontakt aufgenommen zum Heiratsvermittler G. Menger, um sich zu erkundigen, "wie teuer sowas kommt", habe sich dann aber entschlossen, doch erst selbst zu versuchen, in Thailand eine Frau zu finden. Auf die Frage, warum er eine Thailänderin haben wollte, gibt er ausweichende Auskünfte. Im Verlaufe des Gespräches sagt er über die deutschen Frauen:

> "Meiner Meinung nach sind nicht alle, aber viele zu emanzipiert. Klar, es gibt auch welche, die nicht emanzipiert sind, aber die sind eben meist auch zu Hause und gehen nicht so weg, wie die emanzipierten, und man hat weniger Gelegenheit, sie kennenzulernen. (...) Nun, ich habe nichts dagegen, wenn man alleine weggeht. Die Frau kann alleine weggehen, ich kann alleine weggehen ... aber wenn sowas einreißt und die Frau sagt: 'ich muß weggehen, weil du gestern weggegangen bist', das ist - meines Erachtens ist das übertrieben."

Von seiner thailändischen Frau glaubt er, daß sie ihn vorher fragt "Kann ich gehen?".

> "Wenn ich einen Grund angebe (weswegen sie nicht gehen sollte, S.L.), erwarte ich, daß sie ihn respektiert. Ist das nur, weil ich nicht will, dann braucht sie darauf nicht einzugehen. Ich will ja keine Sklavin haben." (Haussels, 84)

Wenngleich sich hier deutlich die Angst vor einer Selbständigkeit von Frauen artikuliert, kann sie nicht allein als Motiv für die Vorliebe für südostasiatische Frauen angesehen werden.

(aus: Werbeprospekt »Traumhaft schön...« von Günter Menger)

Dazu ist der Sachverhalt insgesamt noch zu wenig erforscht.

Die größte Nachfrage nach Südostasiatinnen, insbesondere nach Thailänderinnen, kommt jedoch vom Sexgeschäft. Heidi Simon von der Beratungsstelle für Geschlechtskrankheiten in Berlin sprach vom Trend zur thailändischen Prostituierten, insbesondere in den letzten zwei Jahren (Simon 1984). In der Frankfurter Rundschau wurde mitgeteilt, die Bangkoker Polizei schätze eine Zahl von 16.000 "Thai-Mädchen", die durch Agenturen in den vergangenen Jahren in Jobs ins Ausland vermittelt wurden und obendrein hohe Geldsummen dafür bezahlen. "Rund 3000 der auf diesem Weg Vermittelten sind heute als Prostituierte in der Bundesrepublik!" (Frankfurter Rundschau 1984)

Genaue Angaben darüber, wie viele Südostasiatinnen in die BRD vermittelt bzw. von Sextouristen mitgebracht wurden, gibt es nicht. Es existieren nur vage Schätzungen. Nach Angaben des Magazins 'Malaya' wurden 1983 etwa 4.000 Filipinas an deutsche Partner verkauft (2.4.1984).

> "Das Heiratsgeschäft per Annonce (Mail-Order-bride-business) begann auf den Philippinen vor 3 Jahren unter dem Einfluß von Ausländern, die in den Zeitungen inserierten. (...) Uran (zitiert wird eine Sozialarbeiterin der Caritas, S.L.) sagte, daß rund 11000 Filipinas in der BRD gemeldet seien. Eine große Anzahl dieser Filipinas wurde durch Zeitungsinserate von Deutschen angelockt, die Frauen bestellen." (Daily Express, 1983)

Um Deutsche heiraten zu können, brauchen Ausländer Heiratspapiere, ausgestellt von einer Behörde ihres Herkunftslandes. Für die Philippinen gibt es 4 Stellen in der BRD, die solche Papiere ausstellen, darunter die philippinische Botschaft in Bonn. Luz Leontera, Attaché dieser Botschaft, stellt die Papiere aus. In einem Interview mit der philippinischen Soziologiestudentin Norma Ramil-Weiß aus Münster berichtete Leontera von einer ständig wachsenden Zahl philippinischer Frauen, die Deutsche heiraten. Von Juli 1982 bis Dezember 1982 waren es 285 Frauen, von Januar bis Dezember 1983 589 Frauen und von Januar 1984 bis zum 18.5.1984 (Tag des Interviews) 261 Frauen. Und dies ist, wie bereits erwähnt, nur eine von vier zuständigen Stellen. Luz Leontera berichtete weiterhin, daß die mei-

(»Ankunft auf Rhein/Main« aus: Werbeprospekt »Traumhaft schön ...« von Günter Menger)

sten Frauen über Heiratsvermittler in die BRD verkauft wurden (Ramil-Weiß 1984).

Wie arbeiten die sogenannten Heiratsvermittler?

Mit dem Massentourismus von Männern aus Industrieländern in die '3. Welt' begann auch der Handel mit Frauen aus diesen Ländern. Häufig fing das Geschäft relativ harmlos an. Touristen brachten Ehefrauen aus Südostasien mit, stellten die hohe Bereitschaft der Frauen, Europäer zu heiraten, fest, vermittelten Verwandte und Freundinnen ihrer Ehefrauen ebenfalls hierher. Dabei entdeckten sie einen Markt. Einer der bekanntesten Heiratsvermittler, selbst mit einer Thaifrau verheiratet, ist Günter Menger, Vermittlungsinstitut IMTA im hessischen Münster. Luz Leontera von der philippinischen Botschaft bestätigte im Interview, daß ein Großteil der Philippininnen von Menger vermittelt werden. Als weitere Großen im Geschäft nannte er H. Kirschner, Service-Travel-Asia-Germany in Köln, selbst verheiratet mit einer Philippinin, sowie K.-H. Kretschmer, Elsenfeld, und Exotic Partner Service in Ludwigsburg (vgl. Ramil-Weiß 1984).

Die Anzeigen verschiedener Heiratsagenturen, die Südostasiatinnen vermitteln, finden sich in der BRD in verschiedenen grösseren und kleineren Zeitungen und Illustrierten (z.B. FR vom 13.9.1983; FAZ vom 31.3.1984; Neue Revue Nr. 29/84, 40).
Aus einigen dieser Zeitungsanzeigen von 'Heiratsvermittlern', die sich 'internationale Partnerschaftsvermittlung' nennen, geht nicht klar hervor, ob diese Agenturen auch Frauen aus der "3. Welt" vermitteln. Ich habe mich deshalb als potentiellen Kunden ausgegeben und bei ihnen angefragt. Die 'Lano Partnerschaftsvermittlung', Berlin, Reichsstr. 4 (Heiratsanzeige FAZ 31.3.1984), teilte mir daraufhin mit, daß sie "selbstverständlich auch Asiatinnen vermitteln können", dies sei jedoch mit einem erheblich größeren Kostenaufwand verbunden (Antwortschreiben der Agentur vom 9.4.84). Auch alle anderen "internationalen Vermittlungsagenturen", die ich angeschrieben

habe, bestätigten, Asiatinnen vermitteln zu können, z.B. die 'Matrimonial Agency International', Biebesheim/Rhein, die 'Felicitas-Internationale-Ehevermittlungen' in Offenbach und 'PSV-Essen-Eheanbahnungen'. Die Kosten für eine solche Vermittlung sind aus den Zuschriften nicht eindeutig ersichtlich. Luz Leontera teilte mit, daß es sich in der Regel um einen Betrag von 12.000 DM handele, den deutsche Männer für die Frau und Dienstleistungen der Agentur bezahlen (vgl. Ramil-Weiß 1984). Nach Sereewat (1983b, 10) bereichert sich Menger an jeder Vermittlung um 2.000 bis 4.000 DM: "Innerhalb von 3 Jahren verdiente er 450.000 DM."

Wie nicht anders zu erwarten, werben die 'Heiratsvermittler' mit den bekannten Klischees (vgl. Kapitel II). Menger schreibt in seiner Informationsbroschüre:

> "So mancher deutsche Mann hat den Liebreiz, die Herzenswärme und vor allem die Bescheidenheit und Höflichkeit der Exotinnen kennen- und liebengelernt (...). Ich selbst bin mit einer solchen Exotin seit vielen Jahren glücklich verheiratet - nachdem ich zwei gescheiterte Ehen mit deutschen Frauen durchlebt habe." ("Traumhaft schön", 28)

Es fehlt auch nicht das Negativbild von asiatischen Männern. Verschiedene Agenturen (zit. in: EPK 5/1981, 19) werben wie folgt: "Der asiatische Mann dagegen ist herrschsüchtig und untreu" (Schweikhard), er ist Nutznießer der doppelten Moral ("Der Mann darf alles - die Frau dagegen nichts"), oft "dem Trunke ergeben" und gewalttätig gegenüber "Weib und Kinderschar" (Amstad); "intelligente Mädchen mit guter Berufsausbildung haben in ihrer von Männern beherrschten Gesellschaft kaum Heiratschancen". Dem Negativbild von asiatischen Männern werden die Vorzüge 'des deutschen Mannes' entgegengehalten, z.B. in G. Mengers Informationsbroschüre 'Traumhaft schön', S. 21:

> "Keine falsche Scham, der deutsche Mann ist Nr. 1 in der Welt. Denken Sie daran, der deutsche Mann ist bekannt für: Strebsamkeit, Fleiß, Zuverlässigkeit, Mut, Ehrlichkeit und Treue! Diese Eigenschaften prägen das hohe Ansehen des deutschen Mannes in der Welt. Auf diesem Ansehen beruhen Ihre Chancen!"

Es erscheint mir in diesem Zusammenhang bemerkenswert, daß Menger keine deutschen Frauen an Ausländer vermittelt, deren

Aufenthaltsgenehmigungen in der BRD von der Eheschließung abhängig sind. Dies erwähnte er in einer Sendung von Radio Bremen, '3 nach 9' (3.8.1984, NDR III).

Am Beispiel von Mengers IMTA in Münster/Hessen kann gut veranschaulicht werden, wie Heiratsagenturen arbeiten. Sie haben in der Regel mindestens eine Niederlassung in den Herkunftsländern der Frauen, durch die diese angeworben werden. Menger vermittelt Frauen aus Europa (viele aus Polen), "Asien, Süd-, Mittel- und Nordamerika und Afrika" (Privatpost an S. Lipka, 23.7.84). Ich bekam als potentieller Kunde 7 DIN A 3 Bögen mit kurzen Angaben und Bild von je 15 Frauen. Zu den Angaben gehören: Gewicht/Größe, Figur, Haare, Besonderheiten (damit ist die Religion gemeint), Geburtsdatum, Reisepaß (ob schon beantragt oder vorhanden), Beruf, Sprache, Ausbildung (häufig ist die Angabe "gut"), Hobbies (wie z.B. kochen, singen, tanzen), Stand, Kinder, Partnerwünsche (damit ist das Alter gemeint; häufig sind große Altersspannen bis ins hohe Alter "erwünscht") und Sonstiges (hier steht als Antwort z.B.: "sie ist ein sehr hübsches Mädchen" oder "sie ist eine nette Frau").

Zusätzlich bekam ich Originalfotos von asiatischen Frauen geschickt mit Namens-, Maß- und Altersangaben auf der Rückseite. Dies sind die speziellen 'IMTA-Angebote'. Die Angabe der Nationalität fehlt, es ist jedoch ersichtlich, daß ein Großteil der Frauen von den Philippinen kommt. Menger bietet aber auch Frauen aus anderen südost- und ostasiatischen Ländern an. Unter der "Monatsauswahl Juni-Juli 84" befanden sich Malaysierinnen, Indonesierinnen, Frauen aus Sri Lanka und Indien. Neuerdings vermittelt er auch wieder besonders viele Frauen aus Thailand, wie aus den Monatsauswahlen 1985 ersichtlich wird.
Menger teilte mit, er verzichte auf den Druck von Katalogen und bevorzuge die Zusendung der "Monatsangebote"; denn "ist eine Dame bereits vergriffen, d.h. von einem anderen Kunden bereits ausgesucht oder reserviert, so ist es für uns einfacher, die nachgedruckten Blätter zu vernichten, als neue Farbkataloge zu drucken!". Und er fährt fort: "Ich finde es

ehrlicher, nur das zu zeigen, was auch tatsächlich vorhanden ist! Aus Kostengründen kann ich natürlich nicht alles zeigen, was verfügbar ist. Sie können aber sicher sein, daß wir Ihnen eine so reichhaltige Auswahl vorlegen werden, daß Sie mit Sicherheit 'Ihre' zukünftige Lebenspartnerin finden werden" (Menger im Anhang zu seinem Brief vom 23.7.1984). Der Ausdruck 'Lebenspartnerin' will nicht so richtig in den Zusammenhang passen. Als Leser kann man sich viel eher eine Kaufhausatmosphäre vorstellen. Und wie Waren werden die Frauen gehandelt.

"Die Mädchen sind alle bildhübsch und garantiert keine Ladenhüter." (Menger, zit. in: EPK 5/1981, 20)

Andere Vermittler betrachten ihr Geschäft und die Frauen ähnlich kaufmännisch. Die Agentur Kirschner in Köln schreibt:

"Sobald Sie eine Frau gefunden haben, verursacht diese selbst am Anfang einige Kosten (doch welche Frau verursacht keine Kosten??) Sie müssen im allgemeinen damit rechnen, daß Sie für ein Flugticket aufkommen müssen (Sie können es billig bei uns kaufen), ferner braucht Ihre Frau früher oder später noch 1 Paar Handschuhe, 1 Paar Stiefel, und 1 Mantel, damit sie gut über den Winter kommt. Doch diese Kosten sind bald amortisiert - denn fernöstliche Mädchen rauchen nicht, trinken nicht und passen sich leicht an alle Verhältnisse an. Ein weiterer unschätzbarer Vorteil ist, daß ihre Familien einschließlich Schwiegermütter garantiert nie auf Besuch kommen." (zit. in: EPK 5/1981, 20)

Hier werden Frauen zu - lebenden - Gebrauchsgegenständen degradiert.

Menger schreibt in seinem Brief vom 23.7.1984:

"Wenn Sie, lieber Herr Lipka, ein Mann von schnellen Entschlüssen sind, so könnte z.B. L.P., die Dame vom 1. Bild, schon im August bei Ihnen in Münster sein!"

Und dickgedruckt fährt er fort:

"Nehmen Sie mich beim Wort!"

Viele dieser Heiratsvermittler haben einen eigenen Reisedienst, so auch G. Menger. Außerdem besitzt er ein Übersetzungsbüro für den Briefwechsel der zukünftigen Eheleute, falls der Ehemann einen solchen Briefwechsel für erforderlich halten sollte. Der Brautkleidservice ist sogar kostenlos, d.h. im Preis inbegriffen, und für die Hochzeit vermietet Menger Luxus-

(»Brautkleid-Service kostenlos« aus Werbeprospekt »Traumhaft schön ...« von Günter Menger)

limousinen. In seinem Chinarestaurant können die Hochzeitsfeierlichkeiten stattfinden. Und Männern, die auswandern wollen, vermittelt der Auswanderungsservice die Frau im entsprechenden Zielland.

Die Eheanbahnung kann schnell gehen, 4-6 Wochen bis zur Hochzeit, oder mit einer Phase des Kennenlernens 4 bis 5 Monate, je nach Wunsch des Kunden. Die Kunden können ins Land fliegen und sich die Frauen dort aussuchen. Menger hält 'Betten zum Ausprobieren' bereit (vgl. EPK 5/1981, 21). Solch ein Handel kann in Monatsraten zu 300 DM abbezahlt werden. Menger verschickt auch eine 'Garantieurkunde'. Falls keine Vermittlung zustande kommt, muß nichts bezahlt werden. In dieser 'Garantieurkunde' ist der Name des Kunden viermal eingefügt, im Brief sogar achtmal. Menger legt Wert auf persönliche Ansprache und lädt ein zu einem Gespräch von 'Mann zu Mann' unter vier Augen. Er betont immer wieder seine Ehrlichkeit (vgl. Mengers Informationsbroschüre).

Diese häufige persönliche Ansprache in der 'Privatpost' an potentielle Kunden, Mengers sogenannte 'Garantieurkunden' sowie das ständige Betonen seiner Ehrlichkeit könnten mißtrauisch machen, ganz abgesehen von der Ware, die gehandelt wird. Doch Menger hat große Erfolge als Geschäftsmann. Wenn 'Lebenspartnerinnen' serienmäßig nach Prospekt verkauft werden, dann ist es wohl besonders wichtig, dem Warentausch einen besonders individuellen Schein zu verleihen. Die Kunden müssen sich persönlich angesprochen und ernstgenommen fühlen, müssen das Verständnis spüren.

In den Medien wurde Menger in der letzten Zeit zunehmend kritisiert (vgl. Konkret vom 3.3.1984 oder die Fernsehsendung "3 nach 9"). Er wiederum nutzt diese Kritik zur Werbung, indem er Auszüge aus der Fernsehsendung und aus 'Konkret' an seine potentiellen Kunden schickt, um seine "Ehrlichkeit" und "Offenheit" zu demonstrieren. Er habe nichts zu verbergen, verstehe sich "fast als eine Art Entwicklungshelfer", verhelfe er doch den "armen Frauen" zu einem gesicherten Leben in Europa (Menger, zit. nach: EPK 5/1981, 21). Auch der Anschlag der Untergrundorganisation "Rote Zora", die im Herbst 1983 seinen

Bus in Brand steckte, ließ ihn unberührt und führte lediglich zu einer Erweiterung seiner Sicherheitsvorkehrungen.

Am Beispiel Mengers werden auch die Verbindungen von Heirats- und Sexgeschäft bis hin zur Zwangsprostitution deutlich. "Ahnungslos" - so Menger selbst -, "habe er mit einer Österreicherin zusammengearbeitet, bis er in der Zeitung gelesen habe, sie betreibe ein Bordell" (Launer 1981, 21). In Bangkok wird gegen Menger ermittelt. Er hatte sich deshalb vorübergehend aus Thailand zurückgezogen. Aber auch andere Agenturen sind am Sexgeschäft beteiligt.

1977 wurde W. Kenna verhaftet, "der angeblich Thai-Mädchen an heiratswillige Deutsche vermittelt, in Wahrheit aber wohl Prostituierten-Nachschub aus Bangkok besorgt hat" (ebenda). "1976 wird in Neumünster Heiratsvermittler Horst Jensen verhaftet, der ins Thai-Geschäft einsteigen wollte und seinen Kunden drei Thailänderinnen - für je 500 Dollar bei dem Deutschen Michael Seher in Bangkok gekauft - als 'kleine Kostprobe' angeboten hatte." (ebenda) Jensen wurde freigelassen. Ihm konnten Menschenhandel und Betrug nicht nachgewiesen werden. Die Bundestagsabgeordnete der SPD und Rechtsanwältin Däubler-Gmelin, die sich ausführlich mit dem Heiratsgeschäft mit Frauen aus Südostasien beschäftigt hat: "Strafrechtlich kann man da nichts ausrichten", denn die Frauen kommen rechtlich gesehen "freiwillig" nach Deutschland (zit. in: Tourismus- Prostitution- Entwicklung 1983, 91). Strafbar ist nur die Vermittlung und der Zwang in die Prostitution. Dieser Nachweis ist aber schwer zu erbringen. Immer wieder kommen Fälle ans Licht, bei denen Frauen, oft mit falschen Versprechungen gelockt, in Erwartung eines befriedigenden Ehelebens hierherkommen und schließlich gewaltsam in die Prostitution gezwungen werden. Der Fall der Kegelbrüder, die für einen ihrer Mitglieder eine Philippinin aus dem Katalog bestellten, um sich diese zu teilen, machte 1980 Schlagzeilen (ebenda, 85/86). Von einem arbeitslosen Maurer wird berichtet, der sich für je 9.000 DM zwei Asiatinnen kaufte und sie hier auf den Strich schickte (ebenda, 90).

"Die Methoden der Zuhälter, Zwang auf die Frauen auszuüben, wenn sie erst einmal in der Bundesrepublik angekommen sind, sind äußerst zahlreich. Schläge und Drohungen sollen die Widerstandskraft der Frauen brechen. Nicht selten werden sie auch ganz einfach eingesperrt" (EPK 5/1981, 23).
Nicht alle Frauen kommen über Heiratsvermittler in die BRD. In 'Tourismus- Prostitution- Entwicklung' (1983, 90) werden Fälle dargestellt, wo Nachtclubbesitzer Frauen aus Thailand mit falschen Versprechungen illegal ins Land brachten und sie hier in die Prostitution zwangen. Daneben gibt es "Arbeitsvermittler", die Prostituierte vor allem in Südostasien für das Sexgeschäft in der BRD anwerben. Wollen südostasiatische Frauen länger als 3 Monate (Dauer eines Touristenvisums) legal in der BRD bleiben, so ist dies nur über Eheschließung möglich, und viele Prostituierte sind deshalb bereit, viel Geld für eine Scheinheirat zu bezahlen. In der BRD kostet sie nach Sereewat (1983b, 10) in der Regel zwischen 5.000 und 15.000 DM, in der Schweiz zwischen 10.000 und 15.000 SF (vgl. auch TAZ vom 19.9.85). Manchmal verkaufen Frauen ihren Besitz, um eine Scheinheirat und den Flug nach Europa bezahlen zu können.

Was geschieht, wenn die Frauen in die Bundesrepublik kommen?

In der Regel haben sie kaum Kenntnisse von der Lebenssituation, die sie erwartet. Sie kommen in ein fremdes, kaltes Land, dessen Gebräuche ihnen unbekannt sind. Ihre Rechte kennen sie nicht, und in der Regel sind sie ohne Bekannte und Freunde. Fast immer sprechen sie kein Deutsch, in unterschiedlichem Grad Englisch, in einigen Fällen auch das nicht (vgl. z.B. Mengers 'Monatsauswahl Juni-Juli 1984'). Es kann auch nicht davon ausgegangen werden, daß alle ihre eigene Sprache lesen und schreiben können (vgl. Sereewat 1983a, 17). Für die Thailänderinnen z.B. sind auch die lateinischen Schriftzeichen ungewohnt. Bei der Ankunft am Flughafen werden die Frauen in der Regel von ihrem künftigen Ehemann, einem Vertreter der Heiratsagentur oder ihrer zukünftigen Arbeitsstelle (Bar, Bordell etc.) abgeholt. Es kommt allerdings auch vor, daß

Frauen nicht abgeholt werden. In der Sendung 'Die Ware Liebe' von Helga Dietrichs am 17.5.84 im ZDF berichtet ein Beamter der Einwanderungsbehörde von einem Mann, der, als er die Südostasiatin sah, lediglich meinte:

> "Die können Sie ruhig zurückschicken, gefallen tut sie mir nicht, auf Bildern sieht sie bei weitem besser aus."

Während der Heiratshandel legal ist, ist die Prostitution der südostasiatischen Frauen in der BRD mit wenigen Ausnahmen illegal. Entweder sind sie ohnehin illegal im Land, oder sie sind eine Scheinehe eingegangen und haben keine Arbeitserlaubnis. Dies ist den Behörden hinreichend bekannt, und die Beamten der Einwanderungsbehörden in den Flughäfen sind angewiesen, asiatische Frauen besonders zu kontrollieren. Es werden Fragen gestellt, das Visum wird genau kontrolliert, und man beobachtet, ob und von wem die Frauen abgeholt werden. Diese besondere Kontrolle erfahren alle asiatischen Frauen. Wird die Absicht der Prostitution ersichtlich oder ist das Visum nicht gültig, werden die Frauen zurückgeschickt. Skrobanek (1983, 45/46) weist darauf hin, daß es Fälle gab, in denen die Abschiebung der Frauen sich durch gute Beziehungen der Arbeitgeber im Sexgeschäft zu den Behörden verhindern ließ.

Am Beispiel des Zurückschickens dieser Frauen wird deutlich, wie wenig die Problematik im Einzelfall lösbar ist. Reisen die Frauen ins Land ein, steht ihnen Ausbeutung auf verschiedene Art bevor, werden die Frauen in ihr Herkunftsland zurückgeschickt, werden sie, da ihre Chancen zu Hause keinesfalls besser sind, in große Verzweiflung gestürzt, besonders diejenigen, die teuer dafür bezahlt haben, hierherkommen zu können.

Heiratsvermittler bereiten die Frauen auf die Fragen der Einwanderungsbehörde am Flughafen und auf die erste Zeit nach der Ankunft in der BRD vor. Ein Beispiel hierfür ist das Papier des Heiratsvermittlers Karl Schupfer "Vertrauliche Ratschläge für Damen, die nach Deutschland fahren, um dort einen Partner fürs Leben zu finden" (s. deutsche Übersetzung in diesem Buch). Die Antworten auf die Fragen der Beamten am Flughafen werden vorgegeben, auch werden die Frauen angewiesen, 'nichts Unnötiges' zu erzählen. Frauen, die Karl

Schupfer vermittelt, werden zunächst in einer Familie untergebracht. Dorthin kommen die Kunden der Agenten, um sie sich anzusehen. Aus den 'Ratschlägen an die Frauen' wird einiges über ihre Situation ersichtlich. So wird ihnen beispielsweise empfohlen, nicht allein in der Stadt oder sonstwo herumzustreunen ('to roan'). Sie sollen im Haushalt der Gastfamilie arbeiten, statt dumm herumzusitzen, das schütze sie auch davor, "zuviel Fett anzusetzen". Wenn die einzelnen Männer kommen, "sollten sie immer hübsch aussehen, ein schönes Kleid anhaben". Die Frauen werden darauf hingewiesen, daß Sitten und Gebräuche in der BRD anders sind als in Südostasien, womit gemeint ist, daß 'Frau' hier mit den ersten sexuellen Kontakten nicht bis zur Hochzeitsnacht warten kann. Schupfer schreibt: "Der Mann würde frustriert sein und das als fehlenden Liebesbeweis interpretieren." Allerdings sollten sich die Frauen auch nicht sofort auf alles einlassen; auf keinen Fall sollen sie schwanger werden ehe das Geschäft perfekt ist. Wenn einer nett ist, sollten sie allerdings auch wiederum nicht auf einen "besseren" oder "reicheren" Mann warten, denn - dies teilt Schupfer 'seinen' Frauen mit - wenn nach Ablauf des 3-monatigen Touristenvisums das Aufgebot noch nicht bestellt ist, müssen die Frauen in ihr Herkunftsland zurück. Denn: die Zeit ist knapp. Der Brief ist ein beeindruckender Beweis dafür, wie berechtigt es ist, in diesem Zusammenhang von "Frauenhandel" zu sprechen. Voll psychologischen Fingerspitzengefühls empfindet er die schwierige Entscheidungssituation der Frauen nach und suggeriert auf diese Weise die Möglichkeit der "freien Entscheidung". Zugleich wird aber unmißverständlich die abhängige Situation deutlich gemacht, insbesondere durch die Drohung der Abschiebung.

<u>Wie geht es weiter nach der Eheschließung?</u>

Untersuchungen zur Situation südostasiatischer Frauen in der BRD, die mit deutschen Männern verheiratet sind, liegen meines Wissens nicht vor. Gelegentlich wird über Einzelfälle in der Presse berichtet. Wenn es größere Schwierigkeiten in der Ehe

gibt, sind die Frauenhäuser (Häuser für geschlagene Frauen) eine mögliche Anlaufstelle für die Frauen. Allerdings ist zu berücksichtigen, daß Ausländerinnen große Barrieren überwinden müssen, ehe sie eine solche Möglichkeit wahrnehmen. Ich schrieb im Frühjahr 1984 rund 90 autonome Frauenhäuser an und fragte nach ihren Erfahrungen mit Südostasiatinnen, die durch Kontakte zu Touristen oder über Heiratsvermittler in die BRD gekommen sind. Es antworteten 56 Frauenhäuser und Initiativgruppen. Von ihnen haben bzw. hatten 29 Kontakt zu asiatischen Frauen, in 3 Fällen nur in der Beratung. Es handelt sich dabei um insgesamt 40 Frauen aus verschiedenen asiatischen Ländern: 11 Philippininnen, 10 Thailänderinnen, 4 Koreanerinnen, 4 Vietnamesinnen, 2 Chinesinnen, 1 Malaysierin, 1 Ceylonesin; bei 7 weiteren Frauen konnten sich die Mitarbeiterinnen der Frauenhäuser nur daran erinnern, daß es Asiatinnen waren.
Diese Zahl von Frauen aus Südost- und Ostasien in Frauenhäusern erscheint mir angesichts der erwähnten Barrieren ausländischer Frauen sehr hoch. Auch Frauenhausmitarbeiterinnen betonen dies. Die Angaben sind jedoch sehr ungenau; so wird nicht immer ausdrücklich ausgesagt, ob es sich um Frauen handelt, die in unseren Problemkreis einzuordnen sind. Es ist nicht auszuschließen, daß von den asiatischen Frauen einige in Scheinehe leben, um als Prostituierte arbeiten zu können. Die Frauenhäuser berichten teilweise auch von Frauen aus anderen Ländern der Dritten Welt, die über Prostitutionstourismus oder 'Katalogvermittlung' in die BRD gekommen sind und deren Situation sich nicht grundsätzlich von der der asiatischen Frauen unterscheidet.

Aus 14 Frauenhäusern kamen nähere Angaben über die Lebenssituation 7 thailändischer und 7 philippinischer Ehefrauen in der BRD. Mit Hilfe dieser Beispiele können einige Faktoren verdeutlicht werden, die zum Scheitern solcher Ehen führen können. Es bleibt zu hoffen, daß die Fallbeispiele aus den Frauenhäusern zu den Extremfällen gehören. Durch sie werden jedoch auch strukturelle Probleme deutlich, die alle Ehen zwischen Deutschen und Frauen aus Dritte-Welt-Ländern betref-

fen.
Die ausführlicheren Berichte der Frauenhausmitarbeiterinnen ähneln sich. Aus dem Frauenhaus in Marburg wird berichtet:

> "Wir hatten seit Bestehen des Frauenhauses (1981) eine asiatische Frau hier. Die Frau ist Thailänderin und wurde vor etwa acht Jahren von einem Deutschen in einem Bordell in Thailand gekauft. Er brachte sie mit nach Deutschland und heiratete sie. Die Frau hat von ihm einen 4-jährigen Sohn. Während der acht Jahre in Deutschland hat die Frau kein einziges Wort Deutsch sprechen gelernt (ihr Mann spricht perfekt Thai), sie war nie alleine in der Stadt, so daß sie sich in Marburg überhaupt nicht alleine bewegen konnte.
> 1982 kam die Frau ins Frauenhaus, vermittelt durch Bekannte von ihr, die sie vorübergehend mit ihrem Kind aufgenommen hatten. Der Mann war für einige Wochen alleine nach Thailand gereist, angeblich um Urlaub zu machen. Von dort hat er sich eine 17-jährige neue Frau mitgebracht und seine alte Frau auf die Straße gesetzt.
> Die betroffene Frau war mehrere Wochen im Frauenhaus und hat dann eine eigene Wohnung in Marburg bezogen. Die Ausländerbehörde hat erwogen, sie auszuweisen, da sie in Deutschland angeblich nicht alleine zurechtkomme. Ihr wurde das Sorgerecht für ihren Sohn entzogen, die gemeinsame Wohnung wurde dem Ehemann gerichtlich zugesprochen. Begründung: sie sei aufgrund ihrer mangelnden Integration nicht in der Lage, ihren Sohn nach westlichen Wertmaßstäben zu erziehen. Der Sohn lebt nun beim Vater, die Frau bekommt Sozialhilfe und lernt außerdem intensiv Deutsch."

Daß der Ehemann perfekt Thai spricht, darf als Ausnahme betrachtet werden, es ist die einzige Besonderheit an diesem Fallbeispiel. Kein Einzelfall ist, daß die Frau nach mehreren Ehejahren in der BRD noch kein Deutsch spricht. Auch die Thailänderin S. (Frauenhaus Osnabrück) sprach nach zweieinhalb Ehejahren noch kein Deutsch; die Verständigung war nur in Englisch begrenzt möglich. Eine andere Thailänderin im Frauenhaus Erlangen sprach nach 7 Jahren in der BRD - die ersten vier war sie mit einem Deutschen verheiratet - immer noch kein Deutsch. Aus den Briefen der Frauenhäuser geht jedoch hervor, daß die Frauen, zumindest diejenigen, die entschlossen sind, in Deutschland zu bleiben, teilweise ein großes Interesse haben, Deutsch zu lernen. Agnes Mendoza Urban, Sozialarbeiterin der Caritas, erwähnt im 'Bulletin today' vom 21.8.83, daß allgemein die Beschwerde erhoben wird, daß deutsche Männer ihre Frauen (hier die philippinischen Ehefrauen) daran hindern, Deutsch zu lernen, aus Angst, diese könnten dadurch etwas über ihre Rechte erfahren.

Aus den Briefen der Frauenhäuser und Frauenhausinitiativen geht hervor, daß es nicht selten Ehemänner gibt, die die Bewegungsfreiheit ihrer südostasiatischen Ehefrauen stark einengen. So berichtet das Frauenhaus in Heidelberg von einer Thailänderin, die vom deutschen Ehemann in der Wohnung gefangengehalten wurde. Und das Frauenhaus Kiel schreibt über eine Philippinin, die der Ehemann wie eine "Sklavin behandelt und gegen ihren Willen hier in Deutschland festgehalten hat".

Frau Haussel (Gespräch Februar 1984) berichtet von einem deutschen Ehemann, der sich bei der Scheidung darüber beklagte, daß seine Ehefrau jeden Mittwoch zu ihrem thailändischen Treffen wollte. Allerdings geht aus diesem Gespräch auch hervor, daß viele thai-deutsche Ehepaare Kontakt zueinander halten. Der deutsche Ehemann erzählt von einer Geburtstagsfeier mit 20 bis 24 thai-deutschen Paaren. Er erzählt weiter, daß er und seine Ehefrau im Supermarkt und auch auf dem Weihnachtsmarkt andere thai-deutsche Paare kennengelernt haben und Kontakt halten, so werden thailändische Feste gemeinsam gefeiert - unter anderem des Königs Geburtstag. Bei solchen Gelegenheiten sind die deutschen Ehemänner immer mit dabei. Durch diesen Kontakten zu anderen Frauen kann ihre Isolation hier gemildert werden, jedoch immer nur unter der Voraussetzung, daß die Ehemänner dies nicht verhindern.

Hier wird ein entscheidendes Merkmal einer Ehe zwischen einem Deutschen und einer Ausländerin aus einem Dritte-Welt-Land deutlich: die Frau ist auf das Wohlwollen des Mannes angewiesen, ihre Bewegungsmöglichkeiten sind noch stärker als bei deutschen Frauen an den Ehemann gebunden. Das Aufenthaltsrecht in der BRD steht und fällt mit der Ehe. Es gibt zwar Ausnahmen, doch im Fall einer Scheidung droht der Frau in der Regel die Ausweisung aus dem Land, es sei denn, sie hat inzwischen die deutsche Staatsbürgerschaft oder die unbefristete Aufenthaltserlaubnis erworben. Die befristete Aufenthaltsgenehmigung reicht nicht aus, um nach einer Scheidung langfristig in der BRD bleiben zu können. Doch woher sollen die Frauen das wissen? Um die unbefristete Aufenthaltsberechtigung oder die deutsche Staatsbürgerschaft zu erhalten, müssen zahlreiche Bedingungen erfüllt sein. In beiden Fällen ist Grundvoraussetzung, daß die Frauen die deutsche Sprache gut beherrschen und mit der Kultur und den politischen Zusammenhängen des Landes gut vertraut sind.

Das Frauenhaus Erlangen berichtet von einer thailändischen Frau, die seit sieben Jahren in der BRD lebt. Ihr Mann, der in Thailand "wohl in Sachen Sex unterwegs war", hatte sie von dort mitgenommen. Sie hat keine deutsche Staatsbürgerschaft, da ihr Ehemann das nicht wollte. Die Frau ist geschieden; ihre Aufenthaltsgenehmigung in der BRD dauert bis 1988. Die gemeinsame 6-jährige Tochter lebt beim Vater.

Kommt es in diesen Ehen zur Scheidung, sind die Chancen der Mütter gering, das Sorgerecht für die Kinder zugesprochen zu bekommen. Wollen die Frauen zurück in ihr Herkunftsland, so lautet die Begründung dafür, das Sorgerecht dem Vater zuzusprechen, nach einer Erfahrung des Frauenhauses Ulm: "man kann dem armen Kind die Lebensverhältnisse eines Dritte-Welt-Landes nicht zumuten". Bleiben die Frauen hier, so kann es heißen, die Frau sei aufgrund "mangelnder Integration nicht in der Lage, ihren Sohn nach westlichen Maßstäben zu erziehen". Die Frauen leben im Scheidungsfall in der Regel unter wesentlich schlechteren Bedingungen als die Ehemänner - ein weiterer Grund für die Gerichte, das Sorgerecht den Vätern zuzusprechen.

Die Frauen müssen also damit rechnen, daß die Kinder im Scheidungsfall beim Vater bleiben. Diese können deshalb als Druckmittel vom Ehemann eingesetzt werden, um die Frau in der Ehe zu halten. Im Frauenhaus in Osnabrück lebte vorübergehend eine Thailänderin mit ihrem vier Monate alten Baby. Sie wollte sich von ihrem Mann, der sie mehrfach mißhandelt hatte, trennen. Doch er wollte sie zurückhaben und "drohte ihr mit der Wegnahme ihres Sohnes, indem er sie bei der Polizei als ehemalige Prostituierte bezeichnete, die auch jetzt nicht die Finger davon lassen könnte und den Sohn vernachlässige". Da er nach Aussage der Mitarbeiterin des Frauenhauses gute Aussichten auf Erfolg hatte, ging die Frau zu ihm zurück.

Ebenso erging es einer Philippinin, von der das Frauenhaus Göttingen berichtete. Auch sie kehrte um ihr Kind nicht zu verlieren, zum Ehemann zurück, von dem die Nachbarn sagen:

> "Er läßt sie ständig spüren, daß sie für ihn weniger Wert ist als eine deutsche Frau - so hat er ihr z.B. eine Waschmaschine verweigert mit der Begründung, solche technische Errungenschaften seien nur für deutsche Frauen da."

Luz Leontera von der philippinischen Botschaft in Bonn berichtet, daß die Frauen, die über eine Heiratsagentur in die BRD kommen, in der Regel nicht wissen, daß sie von ihren Ehemännern gekauft wurden; wenn es aber zum Streit der Eheleute komme, zeige häufig der Ehemann seiner Frau die Quittung und versuche ihr damit klarzumachen, daß er schließlich gewisse Rechte habe (vgl. Ramil-Weiß 1984). Welch ein Frauenbild mögen solche Männer wohl haben?

In einigen Fällen werden Asiatinnen, wenn sie nicht entsprechend "funktionieren", auch einfach ausgetauscht, wie im Beispiel aus Marburg. Einen weiteren Fall beschreibt das Frauenhaus Ludwigshafen in seiner Dokumentation 'Stille Schreie'. Die Ehe eines Deutschen und einer Koreanerin scheiterte. Die Koreanerin hatte ihren Mann durch Vermittlung ihrer Schwester, die auch schon mit einem Deutschen verheiratet war, kennengelernt.

> "O. ist das Opfer der irrigen Vorstellung deutscher Männer, eine asiatische Ehefrau müßte besondere Qualitäten haben wie Häuslichkeit, Anpassungsfähigkeit, Unterwürfigkeit und nicht zuletzt ein gewisses exotisches Aussehen."(Stille Schreie 1984, 129)

Doch O. war nicht unterwürfig, es kam zu harten Auseinandersetzungen. Die Ehe ist mittlerweile geschieden. Der Mann glaubt, er habe eine ungewöhnliche Asiatin "erwischt".

> "Das nächste Mal wolle er eine Thailänderin heiraten, teilte er O. als Ergebnis seines Nachdenkens mit." (ebenda, 129)

Tatsächlich scheint das Klischee der Asiatin in einigen Fällen sehr stark die Erwartungshaltung der deutschen Ehemänner gegenüber ihren südostasiatischen Frauen zu prägen. Folgerichtig kann so auch das Bild der 'abnormen' Asiatin ent-

stehen, die dem Klischee nicht entsprechen kann (und will). 'Mann' tauscht sie gegen eine neue, eine 'normale Asiatin' aus. Die philippinische Zeitung 'Malaya' berichtete am 4.2.1984 über die falschen Erwartungen in Ehen mit bestellten Bräuten unter der Schlagzeile: "Wie philippinische Frauen Opfer von internationalen Heiratskupplern werden": "Es gibt Berichte, nach denen bestellte Bräute von den Philippinen, die auf ein sorgloses Leben und reiche Vergnügungen hofften, den Schock ihres Lebens bekamen, als ihre Ehemänner sie ans Haus ketteten, sie zu Dienstmädchen reduzierten und ihnen Kontakt zu anderen Filipinos, die in der Nähe wohnten, verboten. ... Ähnlich überrascht waren die Männer, die von ihren Partnerinnen Fügsamkeit und Unterwürfigkeit erwarteten."
Eine Erschwernis für viele der südostasiatischen Ehefrauen ist, daß es oft trotz ihrer bedrückenden Situation kein Zurück mehr gibt. Eine Mitarbeiterin des Frauenhauses Neumünster berichtet von einer Philippinin:

> "Eine Scheidung bedeutet für sie zurück nach Manila, dies ist für sie unmöglich, da das für sie einen totalen Gesichtsverlust bedeutet und nie verstanden werden würde (im gelobten Deutschland, einen deutschen Mann und dann zurück, nicht vorstellbar und nicht verständlich."

Viele der Frauen kamen nach Mißhandlungen durch die Ehemänner ins Frauenhaus. Bei einer Frau im Frauenhaus Hameln war eine Einweisung ins Krankenhaus erforderlich.
Trotz schlimmer Erfahrungen wollen (oder müssen) einige Frauen in der BRD bleiben, weil es in ihrem Herkunftsland keine Alternative gibt. Andere entscheiden sich zurückzugehen, zu unerträglich sind ihre Situation und ihr Heimweh.

Schließlich möchte ich noch einige Fallbeispiele anführen, die verdeutlichen, daß auch die angeblich unterwürfigen Asiatinnen sich zu wehren wissen.
S., eine Thailänderin, die einige Zeit im Frauenhaus in Osnabrück gelebt hatte, wollte eigentlich in Deutschland bleiben, sich aber von ihrem Mann, der sie mißhandelt und um das Geld für ihre Mutter betrogen hatte, trennen. Als sie hörte, daß sie kaum Chancen hatte, das Sorgerecht für ihren 4 Monate alten Sohn zu bekommen, ging sie zu ihrem Mann

zurück. Nach einiger Zeit überredete sie ihn zu einer gemeinsamen Urlaubsfahrt nach Thailand, in der heimlichen Absicht, dort eventuell mit ihrem Kind den Mann zu verlassen. Wo das Recht auf seiten der Männer ist, sind Frauen auf List angewiesen.

In einem Brief teilte Dr. R. Schumacher von der deutschen Botschaft in Bangkok auf meine Anfrage hin mit:

> "Es kommt hin und wieder vor, daß deutsche Ehemänner bei der Botschaft nach dem Verbleib ihrer Ehefrauen anfragen. Die Botschaft versucht diese Frauen ausfindig zu machen und bittet sie, falls vom Ehemann gewünscht, zu einem Gespräch in die Konsularabteilung. Es versteht sich von selbst, daß diese Vorsprache freiwillig ist und daß die Thailänderinnen es ablehnen können, über die Gründe des Getrenntlebens zu sprechen."

Eine Möglichkeit, sich - wenn nötig - gegen deutsche Ehemänner zu wehren, sehen manche Frauen auch in der Verweigerung ihrer Sexualität. In der Sendung '3 nach 9' berichtete Herta Däubler-Gmelin von einer Südostasiatin, die sich sexuell ihrem Ehemann verweigerte, als dieser ihr kein Geld für ihre Familie lassen wollte. Einen ähnlichen Fall stellt Skrobanek (1983, Vorwort) ausführlich dar.

Ehe aus Taktik vermutet Cornelia Girndt (Communale Heidelberger Wochenzeitung, 17.11.83) bei manchen Südostasiatinnen:

> "Für manche, die weit heller sind als ihre deutschen Ehemänner, mag die Ehe auch ein Sprungbrett sein. Nach fünf Jahren haben sie unbegrenzt die deutsche Staatsbürgerschaft. Dann können sie sich scheiden lassen und selbständig machen."

Doch diese These erscheint mir sehr spekulativ, denn fünf Ehejahre können hart sein, wenn der Mann nicht sympathisch ist. Auch wären für solche Praktiken Kenntnisse der genauen rechtlichen Situation notwendig.

Zur Situation südostasiatischer Frauen im Sexgeschäft in der BRD

Über die Situation der Prostituierten gibt es derzeit lediglich zwei Untersuchungen von Skrobanek (1983) und Sereewat

(1983a), beide beziehen sich auf thailändische Frauen. Skrobanek interviewte im Rahmen einer wissenschaftlichen Arbeit 16 Thailänderinnen, die als Prostituierte tätig sind, Sereewat interviewte thailändische Prostituierte in der BRD und der Schweiz. Nach der Auskunft von Luz Leontera von der philippinischen Botschaft sind nur wenige Fälle von Prostitution philippinischer Frauen in der BRD bekannt, und es handelt sich meist um Frauen, die über Heiratsagenturen mit Deutschen verheiratet und von diesen zur Prostitution gezwungen wurden (vgl. Ramil-Weiß 1984). Die Betreiber des Sexgeschäfts holen sich ihren "Nachschub" i.d.R. direkt aus Thailand. Es ist anzunehmen, daß die Situation philippinischer Prostituierter sich nicht grundsätzlich von der der thailändischen Prostituierten unterscheidet.

Den Unterschied der Prostitution in der BRD zur Prostitution in Thailand sieht Skrobanek (1983, 44), so: "Während Prostituierte in Thailand Teil der verarmten Massen sind und gerade für ihren eigenen Unterhalt und den der Familie verdienen, treffen die Prostituierten in den Zentren wie Deutschland auf andere Arbeitsbedingungen, diese sind geschäftstüchtiger organisiert und strenger kontrolliert durch den Besitzer des Geschäfts." Thailändische Prostituierte arbeiten hier in der Regel in Sexclubs, Bars und Bordellen. Im Sexclub werden Sexshows aufgeführt, und die Kunden müssen dazu animiert werden zu trinken. Im Preis für das Getränk eingeschlossen, sozusagen als Zusatz, ist die Sexualität der Frau. In solchen Clubs haben die Frauen in der Regel ein festes tägliches Einkommen von 50-100 DM. Sie müssen die Männer zum Trinken animieren und zum Geschlechtsverkehr. Von den Getränken erhalten sie einen minimalen prozentualen Anteil und von der Summe, die der Kunde für den Geschlechtsverkehr bezahlt, etwa 50% (durchschnittlich 75 DM) (vgl. Skrobanek 1983, 48; Sereewat 1983a, 8).

In Bars sind die meisten der thailändischen Prostituierten beschäftigt, die Konkurrenz ist groß und es kommt vor, daß die Frauen lange Zeit keine Kunden haben und nicht ausreichend verdienen. Die Frauen müssen sich aktiv den Kunden anbieten. Außerdem müssen sie es sich gefallen lassen, von Kunden, die sie dann doch nicht kaufen wollen, ausgiebig 'betatscht' zu werden. Stoßen sie diese Kunden weg, gelten sie als "aufmüpfig", sie verdienen nichts und bekommen Ärger mit den Vorgesetzten oder Zuhältern.

Aufgrund dieser Verhältnisse bemühen sich einige Frauen, ins Bordell zu kommen. Der Kunde kommt, und es gibt nur "ja" oder "nein", aber die Frauen werden nicht von Kunden ohne Bezahlung angefaßt und müssen sie nicht verführen (Skrobanek 1983, 48). Die Frauen verdienen in der Regel im Bordell mehr als in der Bar, da die Konkurrenz geringer ist. In der Regel erhalten sie 50% dessen, was der Kunde bezahlt. Häufig müssen die Frauen nicht mehr als 40 DM pro Kunde akzeptieren (vgl. Sereewat 1983a, 9). Skrobanek weist darauf hin, daß die Situation der Frauen in Bars und Bordellen in Thailand eher umgekehrt ist; dort leben die Frauen im Bordell in unterschiedlichem Maß stark kontrolliert, und die Prostituierten in den Bars haben größere Freiräume.

In den bisher beschriebenen Einrichtungen bekommen die Frauen teilweise gegen Bezahlung auch Wohnung und Essen gestellt. Sie sind dadurch stark kontrolliert. Häufig haben sie keine streng geregelte Arbeitszeit, sondern müssen auch außerhalb der vereinbarten Zeiten für Kunden zur Verfügung stehen (Skrobanek 1983, 48).

Sereewat berichtet von thailändischen Prostituierten, die als call-girls in privaten Appartements arbeiten. Ihre Telefonnummer ist in den Zeitungen inseriert. Die Appartements sind in einigen Gebieten vom Zuhälter gemietet. Diese Frauen haben in der Regel die deutsche Staatsbürgerschaft, da die Gefahr der Ausweisung sonst zu groß wäre. Sereewat berichtet ferner von Bordellen, in denen die Frauen lediglich teure Mieten bezahlen, ihre Einkünfte ansonsten behalten und oft am Wochenende zu ihren Ehemännern nach Hause fahren.

Die befragten Frauen verabscheuen ihren Arbeitsplatz, sie gaben an, sich wie Tiere zu fühlen, die angestarrt und ausgesucht werden (vgl. Sereewat 1983a, 9). Skrobanek (1983, 49) dokumen-

tiert die Einstellung der Frauen zu ihrem Arbeitsplatz durch folgende Aussage einer befragten Frau, die noch einen "günstigeren" Arbeitsplatz im Sexclub hat: "ein wirklich dekadenter Ort, wie ich ihn nie zuvor in meinem Leben gesehen habe. Es ist eine richtige Sexwelt."
Aus den Arbeitsplatzbeschreibungen wurde noch nicht die besondere Ausbeutung südostasiatischer Prostituierter ersichtlich. Gemäß dem Klischee der 'fernöstlichen' Prostituierten wird aber von diesen Frauen mehr Aktivität im Bett verlangt, auch dauert der Service oft länger (Skrobanek 1983, 50). Im Gegensatz zu deutschen Prostituierten müssen südostasiatische und andere ausländische Prostituierte oft ohne Kondome arbeiten.

Häufig wissen die Thailänderinnen, die sich mit den Geschäftsbedingungen nicht auskennen, nichts von diesen Unterschieden, auch nichts darüber, daß sie schlechter bezahlt werden. Skrobanek zitiert eine von ihr in Berlin interviewte thailändische Prostituierte:

> "Wir können nicht den selben Preis verlangen wie die deutschen Prostituierten, sonst bekämen wir Probleme mit dem Barbesitzer. Die sind dieses System gewöhnt, wir können nichts machen. Die Barbesitzer erzählen uns nichts von den unterschiedlichen Preisen, weil sie gerne soviel wie möglich Kunden haben wollen." (1983, 50)

Häufig werden die drei Monate des Touristenvisums von Barbesitzern als Probezeit gesehen. Bewährt sich die Prostituierte am Arbeitsplatz, besorgen sie ihr einen deutschen Ehemann für die Scheinehe. Der Mann muß bezahlt werden, der Barbesitzer zahlt voraus, und die Frau muß die Schulden abarbeiten (Skrobanek 1983, 51).

Doch die Thailänderinnen akzeptieren ihre Ausbeutung nur notgedrungenermaßen. Wenn sie eine Chance sehen, sich zur Wehr zu setzen, nutzen sie sie auch. Skrobanek berichtet von einem Streik in einer Bar in Bremerhaven, bei dem die Prostituierten Geldforderungen durchsetzen konnten. Allerdings wurde die Anführerin dieser Aktion entlassen. Auch Sereewat (1983a, 11) berichtet von einem erfolgreichen Streik thailändischer Prostituierter in einer 'schwarzen Bar'. Doch

die Möglichkeiten, sich zur Wehr zu setzen, sind für Südostasiatinnen, für Ausländerinnen überhaupt, sehr schlecht, teilweise aufgrund ihres illegalen Aufenthalts im Land oder durch die Illegalität der Arbeit. Nur Frauen, die in einer Ehe mit einem Deutschen wirklich mit ihrem Mann zusammenleben, können auch eine Arbeitserlaubnis beantragen.
Skrobanek kritisiert in diesem Zusammenhang zu Recht: "Die neu ankommenden 'Lohnarbeiterinnen' können nicht denselben Status erreichen, wie die ausländischen 'Gastarbeiter', obwohl beides,ihre Arbeit und ihre Sexualität, dem kapitalistischen System dient" (Skrobanek 1985, 51). Die illegale Prostitution wird verfolgt. In Einrichtungen, in denen Ausländerinnen vermutet werden, finden häufiger Polizeirazzien statt. Die Südostasiatinnen werden inhaftiert, erfahren eine Behandlung als Kriminelle und werden aus dem Land ausgewiesen. Für das Sexgeschäft bedeutet das eine hohe Fluktuation der Thaifrauen, und für die Frauen selbst bestehen geringe Chancen, sich zu vereinigen und sich zu wehren.
Die besonders hohe Ausbeutung der ausländischen Prostituierten durch die Unternehmer wirkt sich auch auf ihr Verhältnis zu ihren deutschen Kolleginnen aus. In Städten mit hohem Anteil ausländischer Prostituierter - in Frankfurt wird dieser Anteil auf 30% geschätzt - sinken die Preise, die die Kunden bezahlen müssen, allgemein ab (vgl. Fernsehsendung 'Die Ware Liebe' von H. Dietrichs, 17.5.84, ZDF). Dies liegt an der hohen Konkurrenz unter den Prostituierten insgesamt, teilweise werden dafür auch die Ausländerinnen verantwortlich gemacht. Die Situation hat Ähnlichkeiten mit der der ausländischen 'Gastarbeiter', ist aber "verschlimmert" durch die Ausbeutung sowohl der Arbeitskraft als auch des Körpers und durch die Illegalität der Arbeit.

Die Auswirkungen auf die Frauen beschreibt Sereewat wie folgt: "Die offensichtlichsten und brutalsten Probleme waren verschiedene Formen und Ausmaße von Schlägen normalerweise von den Zuhältern" (1983a, 16/17). Diese Mißhandlungen machten Einweisungen ins Krankenhaus erforderlich oder führten zum Tod. Sereewat spricht sogar von vorsätzlichem Mord.

Einige Prostituierte werden zu Alkoholikerinnen, da sie möglichst viele Prozente an den Getränken verdienen müssen. Hier muß man berücksichtigen, daß die Frauen den Alkoholkonsum aus Thailand nicht kennen. Häufig sind die Prostituierten arbeitslos und verschulden sich in solchen Zeiten. Sereewat berichtet, daß viele Frauen nicht ausreichend sparen konnten, um ihre Familien in der Heimat unterstützen zu können.

Oft sind die Frauen allein. Nur selten bilden sich kleine Gruppen, in denen sich die Frauen gegenseitig helfen und stützen. Schwere psychische Störungen, verbunden mit dem Gefühl der Fremdheit, des Verlorenseins und mit der Schwierigkeit, sich in dieser Kultur zurechtzufinden, belasten sie.

> "Monotonie und Langeweile, manchmal Verzweiflung! Keine Erholung, kein Ausweg! Keine richtige Motivation, neues zu lernen, obwohl das ursprünglich ihre Absicht gewesen war. Deshalb sind viele Frauen sehr unglücklich geworden, sie lassen ihr Leben von einem Tag zum anderen verstreichen und haben ihre Augen auf ein einziges Ziel gerichtet: Geld zu verdienen, um so schnell wie möglich heimfahren zu können" (Sereewat 1983a, 16 f.).

Die Arbeit ist mit schweren Schuldgefühlen verbunden.

> "Ich weiß, daß mein Körper nie von diesem Dreck gereinigt werden kann. Ich habe keine andere Wahl". (zit. ebenda)

VI Was muß getan werden? – Was können wir tun?

Nachdem die Grünen 1984 bereits eine kleine Anfrage an die Bundesregierung gerichtet hatten, stellte die SPD 1985 eine große Anfrage zum Thema "Menschenhandel mit ausländischen Mädchen und Frauen, besonders aus Entwicklungsländern, sogenannte Heiratsvermittlung und sogenannter Prostitutionstourismus". Ein sehr detaillierter Fragebogen wurde der Bundesregierung vorgelegt, um in Erfahrung zu bringen, was sie gegen die angesprochenen Sachverhalte getan habe und tue. Ähnlich wie schon bei der Anfrage der Grünen fiel die Antwort eindeutig aus. Am 26.8.85 (Drucksache 10/3753 Bundestag) verweist der Bundesjustizminister auf die bestehenden Gesetze, die durchaus ausreichend seien. Darüberhinaus geht die Regierung "... davon aus, daß der mündige Bürger für sein Verhalten auch im Urlaub die volle Verantwortung selbst trägt. Keine gesellschaftliche Institution und kein wirtschaftliches Unternehmen kann und soll ihm diese Verantwortung abnehmen." (ebenda) - Wenn doch auch einmal in bezug auf den Paragraphen 218 mit der Ideologie von der "mündigen Staatsbürgerin" ernstgemacht würde.
Aufklärungsarbeit bezüglich etwaiger Probleme seien - so wieder die Regierung - "in erster Linie Aufgabe der dazu berufenen, zu eindeutig ethischen Wertvorstellungen legitimierten gesellschaftlichen Institutionen, wie insbesondere Kirchen, sozialen Gruppen, aber auch Schule und Elternhaus". Zwar gebe es eine "geschmacklose Werbung" der Heiratsvermittler, aber "es ergeben sich daraus kein Anlaß und keine Möglichkeit einzuschreiten", denn es lägen "keine Erkenntnisse vor über Anzeigen mit Heiratsgarantie". Ferner heißt es in der Antwort: "Der Deutsche Reisebüro-Verband hat die Kataloge von Reiseveranstaltern eingehend daraufhin ausgewertet, ob offen oder versteckt mit Gelegenheit zur Prostitution geworben wird; er hat dabei keine derartigen Anhaltspunkte festgestellt. Nach Erkenntnis der Bundesregierung trifft diese Feststellung zu." Es bleibt zu fragen, wo und wie gesucht wurde. So bietet z.B. der Katalog von Neckermann-Fernreisen

unter den Orten Bangkok und Pattaya eindeutige Anhaltspunkte.
Aber weiter im Text der Bundesregierung. Nach ihr führe Prostitution in der 3. Welt "in der Regel nicht zu einer Entwurzelung der Frauen und Mädchen oder gar zu einem Ausschluß aus dem Familienverband". Es wird sogar "von einer leicht erhöhten Sozialadäquanz der Prostitution" berichtet. Das soll wohl heißen, es sei alles nicht so schlimm oder habe sogar seine Ordnung. Auf die Frage, wie die Bundesregierung die Vermittlung von Frauen aus der 3. Welt ins Sexgeschäft der BRD und ihre 'Verschiebung' innerhalb Europas bewertet, lautet die Antwort: "Nach den vorliegenden Erkenntnissen ist davon auszugehen, daß ein Großteil dieser Frauen bereits in ihrer Heimat der Prostitution nachgegangen ist bzw. vor der Einreise in die Bundesrepublik Deutschland von der bevorstehenden Prostitutionsausübung wußte." - Ist damit gemeint, daß man Prostituierte 'verschieben' oder ihnen falsche Versprechungen bezüglich der Arbeitsbedingungen machen darf, ganz abgesehen davon, daß an anderer Stelle richtig festgestellt wird, daß nur ein Teil der heute Prostituierten vor der Ankunft in der BRD von ihrer Tätigkeit wußten?

In Anbetracht des Gesamttenors der Antwort ist es bemerkenswert, daß es direkt im Anschluß heißt: "Die Bundesregierung betrachtet diese Einschleusung von ausländischen Prostituierten, die meist unter Verstoß gegen das geltende Ausländerrecht stattfindet, mit großer Sorge." Nicht die Prostitution und ihre Organisiertheit, die Frauen zu Waren degradieren, scheinen also das Problem darzustellen, sondern die Sorge um Verstöße gegen das Ausländerrecht. Hier scheint die Autorität des Staates in Frage gestellt und fordert staatliches Handeln. Aus dieser Einstellung heraus betont die Bundesregierung auch die Notwendigkeit von Einreisekontrollen und die Möglichkeit der Grenzpolizei, "Frauen die Einreise zu verweigern und sie in ihre Heimatländer zurückzuschicken, ... wenn Anhaltspunkte (nicht Beweise!, S.L.) für den Verstoß gegen Bestimmungen des Ausländergesetzes vorliegen." - Die möglichen Konsequenzen für die Frauen werden in Kauf genommen.

Innerstaatlich wird auf die Polizeibehörden verwiesen: "Der unzulässigen Vermittlung dieser Frauen (ins Sexgeschäft, S.L.) läßt sich am ehesten durch eine regelmäßige Kontrolle der einschlägigen Betriebe durch die Polizei ... begegnen." Daß hiermit auch eine Kriminalisierung der ausländischen Frauen erfolgt, wird gleichfalls bewußt in Kauf genommen.
Für Notsituationen wird immerhin auch auf andere Möglichkeiten verwiesen: "Soweit sich 'vermittelte' Frauen an staatliche Stellen (z.B. Polizei, Arbeitsverwaltung oder Gewerbeaufsicht) wenden, wird ihnen von dort entsprechend den Möglichkeiten weitergeholfen." - Wie gesagt: "entsprechend den Möglichkeiten". Die betroffenen Frauen wenden sich höchst selten an diese Stellen. Wie könnten sie auch, müßten die meisten von ihnen doch damit rechnen, als Kriminelle behandelt und über kurz oder lang aus dem Land gewiesen zu werden. Darin aber sieht die Bundesregierung wohl die 'Lösung' des Problems, denn falls die Frauen sich nicht "an staatliche Stellen, insbesondere die Polizei" wenden, "... sieht sich die Bundesregierung auch außerstande, ihnen weiterzuhelfen" (Drucksache 10/3753 vom 26.8.85).

Auch in Thailand hat sich die Regierung etwas gegen die Migration von Thailänderinnen in die Auslandsprostitution einfallen lassen. Seit einiger Zeit gibt es einen Erlaß, demzufolge Frauen das Einverständnis ihres Ehemannes nachweisen müssen, um einen für einen Auslandsbesuch erforderlichen Paß zu erhalten. Unverheiratete Frauen erhalten einen solchen nur, wenn sie ausreichende Geldbeträge nachweisen können, um zu belegen, daß eine Prostitution im Ausland nicht notwendig sei. Das ist ein weiteres Beispiel dafür, daß die Auswirkungen solcher Maßnahmen insbesondere für Frauen negativ sind. Denn die sogenannten 'Vermittler' haben kaum Probleme, Frauen aus Thailand herauszubringen, während Frauen, die arm sind oder im Konflikt mit ihrem Ehemann leben, die Ausreisemöglichkeit genommen wird.

Maßnahmen gegen die Phänomene des Sextourismus und des Handels mit Frauen und die mit ihnen verbundenen Auswirkungen auf Frauen aus der 3. Welt dürfen, das sollte selbstverständlich sein, nicht zur Schikanisierung oder gar Kriminalisierung dieser Frauen führen. Vielmehr sollten, was innerhalb von kapitalistischen Gesellschaften keineswegs selbstverständlich ist, die Geschäftemacher, die sich am Verkauf von und der Prostitution mit Frauen bereichern, verfolgt und zur Rechenschaft gezogen werden.

Voraussetzung hierfür ist, daß die Phänomene des Sextourismus und Heiratshandels stärker thematisiert und problematisiert werden. Erforderlich hierfür ist, daß die Ursachen dieser Sachverhalte, insbesondere auch für das Käuferverhalten von Männern dringend erforscht werden muß. Diese Ursachen liegen nicht in individuellen Defekten oder Abnormitäten der beteiligten Männer, sondern sind gesellschaftlicher Art. Ebenso muß über die Hintergründe der Massenprostitution in der 3. Welt, dabei insbesondere in Südostasien informiert werden. So ist die Bereitschaft von Frauen, in die BRD zu kommen, nicht einfach individuelle Entscheidung, sondern auch dieser liegen gesellschaftliche Strukturen zugrunde.

Um den betroffenen Frauen hier in der Bundesrepublik helfen zu können, scheint es mir erforderlich, Beratungsstellen zu schaffen, deren Mitarbeiterinnen speziell mit den anliegenden Problemen vertraut sind - Beratungsstellen, die für die Frauen Partei ergreifen, an die sie sich wenden können, ohne befürchten zu müssen, etwa im Falle eines illegalen Aufenthalts ausgewiesen zu werden.

Das Aufenthaltsrecht für die betroffenen Frauen gilt es zu überprüfen und zu verändern; schließlich wurden sie oft unter falschen Versprechungen in die BRD gebracht. So erscheint es beispielsweise als eine unzumutbare Härte, daß Frauen, deren Aufenthaltsgenehmigung an die Ehe gebunden ist, im Falle einer Trennung vom Ehemann oft das Land verlassen müssen, während ihre Kinder hierbleiben. Hierbei spielt eine Rolle, daß südostasiatische Frauen größere Schwierigkeiten haben, das Sorgerecht für ihre Kinder zu erhalten als deutsche Frauen, weil die Gerichte davon ausgehen, daß sie ihre Kinder nicht nach den hiesigen Wertmaßstäben erziehen können (vgl. Kapitel V). Es sind gegebenenfalls auch Hilfestellungen denkbar, die es diesen Müttern erleichtern, ihre Kinder in der BRD zu erziehen.

Insgesamt ist zu berücksichtigen, daß das Klischee von 'der' Asiatin einen Angriff auf alle Frauen darstellt. Gerade angesichts des frauenkäuferischen Verhaltens europäischer Männer wird deutlich, wie wenig das Geschlechterverhältnis in Europa ein emanzipiertes ist, dem das in Südostasien als 'rückständiges' entgegengestellt werden könnte. Auch in diesem Fall ist die Vorstellung vom eindeutigen Zivilisationsfortschritt äußerst vordergründig. Durch die Gegenüberstellung der vorgeblich unterwürfigen, aber herzlichen/erotischen Asiatin und der vermeintlich emanzipierten, aber gefühlskalten Europäerin werden Konkurrenz und Distanz zwischen ihnen geschaffen. Dem gilt es durch eine bessere Verständigung entgegenzuwirken. So gibt es z.B. in Bangkok das "Women's Information Center', das sich unter anderem die Beratung von Thailänderinnen, die nach Europa gehen wollen, zur Aufgabe gestellt hat und mit dem zusammengearbeitet werden kann. Solidarisch sind die Mißstände in der Bundesrepublik wie in Südostasien, die die Vermarktung der Frauen aus Fernost verursachen, zu bekämpfen - ein weitgestecktes Ziel ...

Darüber darf nicht vergessen werden, daß Frauen aus allen Ländern der 3. Welt betroffen und ihre Probleme nicht grundsätzlich andere sind, als sie hier am Beispiel von südostasiatischen Frauen im Sexgeschäft der BRD behandelt wurden. So sind in letzter Zeit Frauen aus Ghana "in Mode" gekommen (vgl. TAZ vom 19.9.85). Der gemeinsame Kampf hiergegen und gegen die sie hervorrufenden Verhältnisse muß deshalb international sein.

Anhang

Liste der angeschriebenen autonomen Frauenhäuser

Frauenhausinitiative Aachen
1 Berlin 20, Postfach 2000757
1 Berlin 33, Postfach 330634
33 Braunschweig, Postfach 1603
28 Bremen 1, Postfach 106751
2212 Brunsbüttel
53 Bonn, Postfach 170267
4 Düsseldorf 13, Postfach 180138
8520 Erlangen
Frankenthal, Postfach 1220
Friedrichshafen, Postfach 1472
34 Göttingen, Postfach 1837
58 Hagen 5, Postfach 5210
2 Hamburg 76, Postfach 763229
35 Hameln, Postfach 288
Frauenhausinitiative 47 Hamm 1
6430 Hanau, Postfach 1420
3 Hannover 1, Postfach 2005
Heidelberg, Postfach 102343
Frauenhaus Herford
4690 Herne 1, Postfach 161
Frauenhausinitiative 32 Hildesheim
Frauenhausinitiative 8070 Ingoldstadt, Postfach 2263
35 Kassel, Postfach 101103
8960 Kempten, Postfach 2647
Kiel, Postfach 2647
Frauenhausinitiative 415 Krefeld, Postfach 941
5090 Leverkusen, Postfach 100433
785 Lörrach, Postfach 1464
7140 Ludwigsburg, Postfach 372
67 Ludwigshafen, Postfach 250122
24 Lübeck 1
2120 Lüneburg
65 Mainz, Postfach 4043
3550 Marburg, Postfach 1433
437 Marl, Postfach 1407, Frauenhausinitiative
Frauenhausinitiative Minden,
Mönchengladbach, Postfach 350125
Neumünster, Postfach 1542
7032 Sindelfingen, Postfach 11
5650 Solingen, Postfach 100966
4404 Telgte, Postfach 133
74 Tübingen, Postfach 1528
79 Ulm, Postfach 1763
441 Warendorf, Postfach 251
62 Wiesbaden, Postfach 5772
6520 Worms
56 Wuppertal, Postfach 130421
29 Oldenburg, Postfach 1825
45 Osnabrück
479 Paderborn, Postfach 1505
3150 Peine, Postfach 1571
Frauenhaus Preetz/Kreis Plön

2370 Rendsburg, Postfach 535
3320 Salzgitter
Frauenhaus Schwäbisch-Hall

VERTRAULICHE MITTEILUNGEN

Ratschläge für Damen, die nach Deutschland reisen, um dort einen Partner für's Leben zu finden

Ankunft am Frankfurter Flughafen

Nachdem Sie das Flugzeug verlassen haben, müssen Sie zunächst durch die Immigrationskontrolle. Halten Sie Ihren Reisepaß bereit zusammen mit Ihrem Rundreiseticket für den Fall, daß Sie danach gefragt werden.

Wenn bei der Immigrationskontrolle niemand Sie etwas fragt, sagen Sie von sich aus auch nichts.

Es kommt jedoch gelegentlich vor, daß bei der Immigration einige Fragen gestellt werden. - Wenn das der Fall ist, antworten Sie immer höflich und wahrheitsgetreu. - Beantworten Sie nur das, wonach Sie gefragt werden, erzählen Sie keine Märchen. Folgende Fragen könnten gestellt werden:

F.: Wohin reisen Sie?

A.: Zu Herrn und Frau Michalski in Schneverdingen.

F.: Wie werden Sie dorthin kommen? Wissen Sie, wo der Ort liegt?

A.: Herr Michalski wird mich hier erwarten, und ich werde in seinem Auto fahren.

F.: Wielange werden Sie bleiben?

A.: Ungefähr 2 bis 3 Monate. (Hinweis: Es ist verboten, sich länger als 3 Monate aufzuhalten, es sei denn, man hat eine Verlängerung der zuständigen Behörden).

F.: Werden Sie in Deutschland arbeiten?

A.: Nein. (Hinweis: Es ist verboten, in Deutschland zu arbeiten, außer man ist mit einem deutschen Staatsangehörigen verheiratet. - Wenn Sie diese Frage mit "ja" beantworten, schicken sie Sie mit dem nächsten Flugzeug zurück).

F.: Wieviel Geld haben Sie bei sich?

A.: ... DM. (Geben Sie den tatsächlichen Betrag an).

F.: Wovon werden Sie leben?

A.: Herr und Frau Michalski werden die Kosten während meines Aufenthaltes übernehmen.

F.: Wo haben Sie Herrn und Frau Michalski kennengelernt?

A.: Ich habe sie während ihres Aufenthaltes in Manila kennengelernt.

Unmittelbar, nachdem Sie durch die Immigrationskontrolle kommen, werden Sie Herrn Michalski treffen.

Während Sie in dem Haus von Herrn und Frau Michalski sind, beachten Sie bitte folgende Hinweise:

Herr und Frau Michalski sind einfache, aber nette Leute. Peter (M.) arbeitet tagsüber als Maler, Teresa (sie ist von Leyte) ist Hausfrau. Sie sind seit 1978 verheiratet und haben 2 Kinder. - Teresa hatte eine Komplikation bei der Geburt ihres ersten Kindes, und sie ist seitdem etwas behindert. - Aus diesem Grund sollten Sie ihr im Haushalt zur Hand gehen, anstatt nur "schön herumzusitzen" und darauf zu warten, daß etwas passiert ..... Ein bißchen zu helfen, wird auch gut für Sie sein, Sie gewöhnen sich an die Geräte im Haushalt, außerdem wird es Sie daran hindern, zu viel Fett anzusetzen. Dies ist unvermeidlich, wenn Sie nur so herumsitzen und das nahrhafte deutsche Essen essen .....

Sie können auch mit den Kindern und im Garten spielen (das Haus liegt in einer hübschen Wohngegend), es ist Ihnen aber untersagt, in der Stadt oder anderswo herumzustreifen, andernfalls könnten Sie in Schwierigkeiten kommen .....

Beim Treffen mit möglichen Ehepartnern

Es wird eine Anzahl von Männern geben - Junggesellen ebenso wie Geschiedene -, die kommen werden und Ihnen vorgestellt werden möchten.

Bei der Vorstellung sollten Sie immer hüb aussehen (ein hübsches Kleid, Make-Up etc.), aber das werden Sie sicherlich sowieso schon wissen.

Es wird Männer geben, die Sie mögen - und Männer, die Sie nicht mögen.

Freundlich sollten Sie zu allen sein - bei einem Mann, den Sie nicht mögen, ist es nicht notwendig, ihn länger als Sie eigentlich möchten, zu unterhalten. Sie könnten auf diese Weise Hoffnungen erwecken, die Sie nicht erfüllen können. - Geben Sie nur dem Agenten, Herrn Michalski, einen Wink, und er wird keine Probleme haben, seinem Kunden den Fall zu erklären.
Wenn Sie das Aussehen von jemandem nicht mögen, sagen Sie nur "das sei nicht Ihr Typ" oder, wenn er zu alt ist, sagen Sie, daß Sie eher "einen ein bißchen jüngeren Mann erwartet hätten".

AUF KEINEN FALL sollten Sie einen Mann akzeptieren, den Sie nicht mögen, Herr und Frau Michalski sollen Ihnen keinen Druck machen. - Sie wissen das und sind nette und verständnisvolle Leute.

WENN SIE EINEN MANN MÖGEN - und umgekehrt er Sie auch mag -, sagen Sie es Peter und Teresa, nachdem der Mann weg ist. - Die beiden werden Sie in jedem Fall fragen. - Der Mann wird Sie am nächsten Tag anrufen und Sie fragen, ob Sie ihn auch mögen ...
LASSEN SIE SICH NICHT GLEICH BEIM ERSTEN TREFFEN EINWICKELN!!

In Deutschland gibt es wie überall Typen (guys), die nicht halten, was sie versprechen. Einer kann beim ersten Treffen zutiefst in Sie verliebt sein - und Sie hören daraufhin nie wieder etwas von ihm .... Das heißt - LASSEN SIE SICH NICHT IN DIESE FALLE LOCKEN. oder Sie verpassen so andere Gelegenheiten.

Wenn ein Typ Sie so sehr mag, daß er Sie heiraten will, wird er zurückkommen und sich mit Ihnen verloben. - Bei dieser Gelegenheit wird er die geforderte Gebühr an Herrn Michalski zahlen, die Ihre ganzen Reisekosten und Ihre Aufenthaltskosten bei Herrn/Frau Michalski decken wird.

Obwohl diese Gebühr bei weitem nicht so hoch ist wie bei anderen Agenturen und Heiratsinstituten, ist es doch grundsätzlich wichtig, Bewerber, die nicht ernsthaft interessiert sind, auszuschließen.

Es wird ebenfalls Typen geben, die Sie mögen, ohne allerdings etwas bezahlen zu wollen .... Geben Sie keinen Deut auf diese Typen. - Sie wollen sich nur vergnügen, und wenn sie genug von Ihnen haben, verlassen sie Sie möglicherweise ohne einen Pfennig .... Ein schlechtes Geschäft, nicht wahr?

SEIN SIE SICH IHRER SICHER, und fällen Sie keine Entscheidung, bevor Sie den Typen nicht so mögen, daß Sie ihn heiraten und Ihr Leben mit ihm teilen möchten. - In einigen Fällen kann es auch hilfreich sein, zu sehen, wie der Mann lebt. Bitten Sie darum, sein Haus anzusehen, und Herr Michalski wird Sie dorthin bringen.
- Achtung: FAHREN SIE NIEMALS IM AUTO Ihres zukünftigen Partners - die Typen sind aufgeregt und deshalb unfallgefährdet!!

Wenn Sie sich einmal entschieden haben und die Verlobung stattgefunden hat, ziehen Sie in das Haus Ihres zukünftigen Mannes um!

Bitte beachten Sie: Sitten und Traditionen sind in Männer-Frauen-Beziehung in Europa einschließlich Deutschland ziemlich locker. - Gleichwohl ist es absolut kein Zwang, mit Ihrem zukünftigen Ehemann in der ersten Nacht ins Bett zu gehen. Sie sollten aber auch nicht auf das Abwarten bis zum Hochzeitstag bestehen, wenn Sie es nicht möchten ... möglicherweise ist der Typ frustriert und glaubt, daß Sie ihn nicht mögen und gibt Sie an den Agenten zurück!

Der Zeitraum zwischen Verlobung und Heirat sollte jedoch dazu genutzt werden, sich gegenseitig kennenzulernen - aber nur das! - Deshalb nutzen Sie die Gelegenheit, aber WERDEN SIE NICHT SCHWANGER!

Sollten Sie jedoch während des Zusammenseins mit Ihrem zukünftigen Ehemann zu dem Schluß kommen, daß sie nicht füreinander gemacht sind,
ZÖGERN SIE NICHT, DAMIT HERAUSZURÜCKEN!

Die Tatsache, daß Ihr Partner eine Gebühr an den Agenten (Herrn Michalski) bezahlt hat, sollte KEIN Grund dafür sein, ihn nur deshalb oder aus Mitleid oder was auch immer zu heiraten! (Für die meisten Leute ist es so viel wie drei Monatsnettoeinkommen oder weniger).

Wenn Sie Ihren zukünftigen Mann nicht heiraten, ist er verpflichtet, Ihnen ein Rückflugticket nach den Philippinen zu geben! Er weiß das und hat dies beim Agenten (Herr Michalski) unterschrieben.

Wenn Sie noch ausreichend Zeit haben (solange die 3 Monate noch nicht um sind), könnten Sie jedoch auch noch einen Versuch unternehmen.

In diesem Fall rufen Sie Herrn/Frau Michalski an, und wenn die einverstanden sind und Sie zurücknehmen - dann VERSUCHEN SIE ES NOCHMAL ....

Wenn Herr/Frau Michalski aber keinen zweiten Partner für Sie finden, sind sie diejenigen, die Ihnen Ihr Flugticket zurück nach Manila geben!!!

Aus diesem Grund sind die beiden frei in ihrer Entscheidung, Sie zurückzuschicken - wenn sie Sie eher für eine Person halten, die Schwierigkeiten macht, und die Chancen, daß sich ein anderer Partner findet, gering sind, werden sie Sie lieber nach Manila zurückschicken!! Das gleiche gilt, wenn Ihr dreimonatiger Aufenthalt beinahe vorbei ist, oder mehr als das ....

HANDELN SIE IMMER IM GUTEN GLAUBEN!

Solange Sie in gutem Glauben handeln, kann Ihnen im Grunde nichts passieren? - Wenn Sie aufrichtig bei der Annahme des Angebots eines Mannes waren und kommen nur später zu dem Schluß, daß Sie sich nicht vertragen oder sonst irgendetwas - gut, das ist das Risiko, das beide eingegangen sind, und beide von Ihnen wußten dies vorher. - Und außerdem - NICHTS IM LEBEN IST WIRKLICH OHNE RISIKO - NICHT WAHR??

Wenn Sie erfolgreich sein wollen, akzeptieren Sie nicht jeden Mann, aber wenn Sie einen Mann finden, den Sie mögen und der Sie mag und wiederkommt und ernsthaft ist -

(dann) ZÖGERN SIE NICHT!!

Warten Sie nicht auf jemanden, der noch "ein bißchen besser" ist oder "ein bißchen reicher", Sie werden plötzlich feststellen, daß kein besserer Mann kommt, sondern nur schlechtere, und daß Ihre Zeit abläuft ....

Wenn Sie einen Fehler gemacht haben (und das ist möglich), können Sie ihn noch vor dem Hochzeitstag korrigieren ....

Und wenn Sie zum Agenten zurückkehren und einen anderen Mann finden können, könnte Ihr vorheriger Partner sogar einen Teil seiner Gebühr zurückbekommen, wenn er ebenfalls in gutem Glauben gehandelt hat und sich nicht irgendwie schlecht benommen hat.

WER WAGT, GEWINNT (im Original auf deutsch, S.P.) besagt ein deutsches Sprichwort - ... - aber um zu gewinnen, müssen Sie nicht auf Ihr Glück vertrauen, sondern müssen CLEVER SEIN!!

Deshalb - VIEL GLÜCK, UND SEIEN SIE CLEVER!!

PS. - Wenn Sie irgendeine Klage haben und Sie glauben, daß Sie falsch behandelt worden sind - ZÖGERN SIE NICHT, ZU SCHREIBEN!

Meine Adresse: Herr Karl Schupfer, c/o ATS INTERNATIONAL 1184 A. Mabini Street, Ermita, Manila.

Zweite Ausfertigung

Nummer 231 der Urkundenrolle für 1981

Verhandelt

zu Darmstadt am 21. August 1981

Vor mir, dem unterzeichneten Notar

im Bezirk des Oberlandesgerichts Frankfurt am Main

Dr. Gerhard Mittelstädt

mit dem Amtssitz in Darmstadt

erschien heute:

der Kaufmann, Herr Hans-Günter M e n g e r,
geboren am 2. April 1935 in Darmstadt,
wohnhaft Albert-Einstein-Straße 20, 6115 Münster/Hessen,

ausgewiesen durch Personalausweis Nr. H 3572404 der Bundesrepublik Deutschland, ausgestellt von

und erklärte:

- 2 -

Ich, Hans-Günter Menger, Inhaber der Ehevermittlung IMTA - Individual-Marriage-Travel-Agency in 6115 Münster, verpflichte mich, gegenüber jedem meiner Kunden die IMTA-Vermittlungsgarantie gemäß meiner Garantieurkunde zu erfüllen.

Ich hinterlege hiermit bei dem amtierenden Notar die von mir bei sämtlichen Ehevermittlungen verwendete Garantieurkunde, Grundfarbe grau/hellblau mit dunkelblauem Aufdruck der Bedingungen.

Unter dem Aufdruck "Garantieurkunde" wird für jeden meiner Kunden folgender Text zusätzlich zu dem vorgedruckten Text eingedruckt:

> "Mit dieser Garantieurkunde übernimmt IMTA - Günter Menger - für Herrn .... die volle und uneingeschränkte Heiratsgarantie, sofern Herr .... die ehrliche Absicht hat, über IMTA seine zukünftige Ehepartnerin zu finden.
>
> Diese Garantie tritt mit Vertragsabschluß in Kraft, sie ist nicht übertragbar und gilt nur für Herrn ....
>
> Wir garantieren Ihnen auch, daß Sie sich eine Partnerin nach freier Wahl aussuchen können. Alle Damen, die wir im Angebot haben, stehen Ihnen auch zur Verfügung. Bei uns gibt es keine Lock- oder Fangangebote.
>
> Miss .... halte ich für Herrn .... eine Woche reserviert."

Der amtierende Notar bestätigt hiermit, daß ein Exemplar dieser Garantieurkunde in seinem Notariat unter Urkundenrolle Nr. 231/1981 hinterlegt ist.

Ich ermächtige hiermit den amtierenden Notar, jedem meiner Kunden auf Verlangen eine beglaubigte Abschrift dieser Urkunde über mich aushändigen zu lassen.

Das Protokoll wurde dem Erschienenen vorgelesen, von ihm genehmigt und wie folgt unterschrieben:

gez. Hans-Günter Menger

gez. Dr. Mittelstädt
Notar

L.S.

Vorstehende Verhandlung wird hiermit zum zweiten Male ausgefertigt und diese Ausfertigung Herrn Hans-Günter Menger in 6115 Münster/Hessen erteilt.

Darmstadt, den 10. September 1981

DR. GERHARD MITTELSTÄDT · NOTAR IN DARMSTADT

Notar

Garantie -

Urkunde

mit Vermittlungszusage bis zur standesamtlichen Heirat

Euro part

MIT DIESER URKUNDE

ÜBERNIMMT IMTA FÜR HERRN **S. Lipka** AUS **Münster** DIE VOLLE
UND UNEINGESCHRENKTE HEIRATSGARANTIE, SOFERN HERR **Lipka** DIE EHRLICHE
ABSICHT HAT, ÜBER IMTA SEINE ZUKÜNFTIGE PARTNERIN ZU FINDEN!
DIESE GARANTIE TRITT MIT VERTRAGSABSCHLUSS IN KRAFT, SIE IST NICHT ÜBERTRAGBAR
UND GILT NUR FÜR HERRN Lipka AUS Münster.
ICH GARANTIERE AUCH, DASS DIE MIT ORIGINAL-BILD IN DIESEM BRIEF VORGESTELLTEN
DAMEN, KEINE FANG- ODER LOCKANGEBOTE DARSTELLEN, SONDERN TATSÄCHLICH BEI IMTA
EINGESCHRIEBEN SIND UND ÜBER UNS EINEN EHEPARTNER SUCHEN!
MEINEN HAUPTVORSCHLAG: P HALTE ICH EINE WOCHE LANG FÜR
HERRN **S. Lipka** RESERVIERT!

MÜNSTER, DEN 23.07.84

IMTA

Bitte Herr Lipka, vereinbaren Sie unter Tel.: 06071-31809 mit mir von 9.00 bis 16.00, nach 16.00 über unseren Anrufbeantworter, einen Besuchstermin.

DSV Essen Eheanbahnung

(Abt. Philippinen/Südostasien - eigenes Büro in Manila/PH.)
Vertraulich !

Einzigste Verm. ohne Kostenvoranschlag! Mit Garantie! Verm. von treuen + ehrl. Asiat. Damen, umfangr. Bildmaterial vorh. Anruf/Brief an: PH-Verm., 4352 Herten, Magdeb. Str. 12 b. 02366/3 76 29.

(Anzeige WAZ/WR 25.2.15

Magdeburger Straße 12 B
4352 HERTEN-DISTELN
Telefon (02366) 37629

Besuchszeiten:
Montags - freitags von 10-18 Uhr
1., 2. + 3. Samstag im Monat von 9-16 Uhr

Datum .02.1984

Sehr geehrter Herr

wir danken Ihnen für Ihre Anfrage auf unsere Anzeige und das uns dadurch gegebene Vertrauen. Gerne sind wir bereit, Ihnen in einer Partnerzusammenführung behilflich zu sein und dürfen Ihnen wie folgt antworten:

Sehr viele junge Damen auf den Philippinen haben unser Büro in Manila mit der Partnervermittlung beauftragt. Täglich gehen hier weitere Anträge auf Vermittlung ein. Es handelt sich hierbei um gutaussehende, treue, ehrliche, zärtliche, sehr häusliche, kinderliebe Damen im Alter von 18 bis 48 Jahren. Diese Frauen sind zu 98% ledig und suchen hier keinen Ernährer, sondern einen treuen und ehrlichen Lebenspartner. Alle haben einen erlernten Beruf, sind bereit mitzuarbeiten um somit eine beständige gute Ehe mit aufzubauen. So haben Sie bei uns auch die Möglichkeit, eine Partnerin zu wählen, deren Beruf hier gute Aussicht auf Arbeitserhalt hat (z.B.: Krankenschwester, Verkäuferin, Kfm-Ang.).

Bilder und Lockangebote in veralterten "KATALOGEN" versenden wir nicht, da derartige Angebote mit Sitte und Moral nichts Gemeinsames haben! Durch eine tägliche Auswahl und Vermittlung ist auch ein verbindliches Angebot aus einem Katalog oder Adressenmaterial unmöglich! Bei uns haben Sie die Sicherheit, daß bei einer Auswahlmöglichkeit von z.Zeit mehr als 8 0 0 D a m e n, die von Ihnen auserwählte Dame bestimmt noch frei ist! Unsere Eheanbahnung ist vertraulich, persönlich und sie gibt Ihnen die Gewähr, daß I H R E WUNSCHPARTNERIN k e i n e n anderen Herrn kennenlernen kann. Wir sind eben eine Ehevermittlung mit einer 23-jährigen Berufserfahrung und nicht ein Institut oder eine Vermittlung von alten und unbrauchbaren Adressen!

Es gibt aber leider auch viele schwarze Schafe in dieser Branche, die oft ohne Büro, ohne jegliche Berufserfahrung, ohne Grundlage für Wahrheit, ohne Sicherheiten und ohne echten Partnernachweiß Versprechungen und Zusagen machen, die dann aber später nicht eingehalten werden. W a r n e n möchten wir Sie vor "MITTLERN", die behaupten : in Manila ein eigenes Büro zu besitzen, daß die Damen bereits in der BRD sind, daß die Damen deutsch sprechen, daß die Damen die Flugkosten selbst bezahlen, u.v.a. mehr. Dieses gibt es alles nicht! Deswegen überzeugen Sie sich bitte immer selbst, wer Ihre Wünsche für eine Partnervermittlung erfüllen soll, denn oft haben angeblich "seriöse Institute" nur ein POSTFACH, keine ehrliche Absichten und sind auch nicht in der Lage Ihre Wünsche zu erfüllen. Leisten Sie deswegen auch keine Anzahlungen und erst recht nicht,

Garantie · für erfolgreiche Partnerwahl

wenn Ihnen ein "besonders günstiges Angebot" gemacht wird ! Oft haben schon Partnersuchende viel Gelb vorausbezahlt und sind heute immer noch alleine. Dabei wissen doch gerade diese Mittler , daß eine seriöse Eheanbahnung keine Kostenvorauszahlungen und auch keine Anzahlung verlangt! Wofür den auch? Nicht Sie, sondern der Vermittler muß doch den Beweis erbringen, daß er in der Lage ist Ihre Wunschpartnerin zu vermitteln!!! Auch eine vom Vermittler gegebene "Heiratsgarantie" ist doch auch nur ein billiger Versuch! Ohne einer persönlichen, verbindlichen und bestätigten Zusage Ihrer (und nicht einer beliebigen) ausgewählten Partnerin dürfen Ihnen keinerlei Kosten entstehen! Wir garantieren Ihnen: Wenn wir die von Ihnen erwünschte Partnerin nicht vermitteln können, dann haben Sie auch keinerlei Kosten! Unsere eigene Ehevermittlung in Manila ermöglicht uns diese in EUROPA EINZIGARTIGE VERMITTLUNG !

Lassen Sie sich deswegen auf keine anderen und angeblich "üblichen Bedingungen" ein. Wer Ihnen nicht vertraut, dem sollten Sie auch nicht vertrauen! Dieser, in Ihrem Leben wichtiger Schritt muß für Sie völlig RISIKOFREI sein!

Nachfolgend aufgeführte Möglichkeiten einer Partnerwahl können wir Ihnen bieten:

1) Partnerwahl nach Bildauswahl mit genauen Angaben und Auskunft
2) Partnertreffen in Manila nach einer hier getroffenen Bildauswahl
3) Partnerzusammenführung mit bereits hier anwesenden Damen
4) Partnervermittlung nach spez. Wünschen und uns von Ihnen gegebenen Vorstellungen (Alter, Art, Beruf, u.v.a. mehr)

Unsere Garantie: Wir sind bereit, die Bearbeitungsgebühren mit Ihnen so günstig zu vereinbaren, daß Sie unter allen anderen Angeboten bei uns die niedrigsten Kosten haben werden. Wir geben Ihnen den Beweis, daß eine seriöse Eheanbahnung nicht teuer sein muß! Wir sind bereit und bestimmt auch in der Lage, Ihnen Ihre Wunschpartnerin zu vermitteln!

Um Ihnen eine ausführliche Information mit einer erforderlichen Bildauswahl geben zu können (ggf. auf Wunsch mit Einblick in Originalunterlagen aus Manila), bitten wir Sie um eine baldige Angabe Ihres Besuchtermins in unserem Büro (Ihre Fahrtkosten können dann ggf. verrechnet werden). Sollte Ihnen aber dieser Besuch nicht möglich sein, könnten wir Sie auch von unserem Abteilungsleiter und einer philippinischen Sachbearbeiterin (aus Manila) besuchen lassen. Diese Dame kennt viele Bewerberinnen persönlich und ist so in der Lage, Ihnen in allen Einzelheiten Auskunft zu geben. Sie können schriftlich Ihren Besuchstermin anmelden oder einen von Ihnen gewünschten Besuch mit unseren Beauftragten telefonisch absprechen.

Berücksichtigen Sie bitte bei Ihrer Entscheidung, daß Sie bei uns den Vorzug der Sicherheit haben, da wir nach den gesetzlichen Vorschriften arbeiten und daß wir Ihnen nur dann behilflich sein können, wenn Sie uns ein Gespräch ermöglichen. Wir geben Ihnen hier ein Angebot des Vertrauens. Nehmen Sie uns doch beim Wort ! ! !

Wir hoffen, so nach Ihrem Wunsch zu handeln, sowie auf Ihre baldige Antwort und verbleiben

mit freundlichen Grüßen

i.A. [signature]

Ihre D.S.V. Eheanbahnung
Abt.: Philippinen

Literatur- und Quellenverzeichnis

Sekundärliteratur

Ärztekammer Westfalen-Lippe: Blatt Nr. 15 vom 5.8.1982, CAKA 65

Armanski, Gerhard: Die kostbarsten Tage des Jahres, Berlin 1978

Behr, S.: Alleinerziehende Mütter und Väter - Eineltern-Familien, in: Beyer/Lamott/Meyer (Hg.): Frauenhandlexikon, München 1983, S. 13-16

Bernard, Cheryl, Schlaffer, Edith: Die Grenzen des Geschlechts, Reinbek 1984

Boesch, Ernst E.: Mai pen arai? Gedanken zur thailändischen Mentalität, in: Merian-Heft Thailand, o.J., S. 28-35

Bundesregierung/Antwort auf die Kleine Anfrage des Abgeordneten Verheyen (Bielefeld) und der Fraktion Die Grünen zu: Prostitution in Südostasien, Mädchenhandel mit südostasiatischen Frauen vom 24.5.84 im Bundestag

Bundesregierung/Antwort auf die Große Anfrage der SPD zu: Menschenhandel, Heiratsvermittlung und Prostitutionstourismus vom 26.8.85, Drucksache 10/3753

Chandee, Sawai: Nie sieht jemand meine Tränen, in: Entwicklungspolitische Korrespondenz 5/1981, Hamburg 1981, S. 25

Dauth, Jürgen: Der millionenschwere Markt mit dem organisierten Sex-Tourismus, in: Frankfurter Rundschau vom 2.2.1984

Dauth, Jürgen: Die alltägliche Ausbeutung in Betrieben und Bordellen, in: Thailand-Broschüre des Vereins Leben e.V. Hamburg 1984

Enders-Dragässer, Ute: Die Mütterdressur, Gießen 1980

Entwicklungspolitische Korrespondenz (EPK) 5/1981: Sklavenmarkt Bundesrepublik, S. 22f.; Asiatinnen auf Abzahlung, S. 18f., Hamburg 1981

Evangelische Frauenhilfe (Hg.): Sex-Tourismus - Exotischer Heiratsmarkt- Prostitution, Düsseldorf 1980

Föste, Wolfgang: Verkaufte Träume, München 1982

Giesen/Schumann: An der Front des Patriarchats, Bensheim 1980

Gerhard-Teuscher, Ute: Erwerbslosigkeit, in: Beyer/Lamott/Meyer (Hg.): Frauenlexikon, München 1983, S. 66-69

Girndt, Cornelia: 10.000 DM für eine Frau, in: Communale Heidelberger Wochenzeitung vom 17.11.1983

Gräning, Bärbel: Prostitutionstourismus in Thailand, Diplom-Arbeit am FB Sozialwissenschaften, Universität Bremen 1984

Gravenhorst, Lerke: Alleinstehende Frauen, in: Beyer/Lamott/Meyer (Hg.): Frauenhandlexikon, München 1983, S. 16-17

Griffin, Susan: Pornography and Silence, London 1982

Hans, Marie-Françoise, Lapouge, G.: Die Frauen, Pornographie und Erotik, Darmstadt und Neuwied 1979

Hantrakul: Prostitution in Thailand, Monash University Melbourne 1983, Unveröffentlichtes Manuskript

Henke, Lore, Pachwitz, Gisela: Frauen in Thailand - Eine Diaserie, abgedruckt in: Thai Correspondenz 7/8, München 1980

Humbold, Erhard: Hinter manchem Bordell ein Massengrab?, in: FAZ vom 22.3.1984, S. 9

ISIS International Bulletin 13: Tourism and Prostitution. Tourism to Thailand, Genf 1980, S. 10

Launer, Ekkehard: Asiatinnen auf Abzahlung, in: EPK 5/1981, S. 18

Lenz, Ilse: Frauen, Kolonien, Neokolonien. In: Thai Korrespondenz 7/8, München 1980

Loose: Südostasienhandbuch, zitiert in: Tourismus- Prostitution- Entwicklung, Stuttgart 1983, S. 60

Lossau, Jürgen von: 'Auf dem Weg ins Nirwana' und 'Krankheiten gehen vorbei', in: Thailand Broschüre des Vereins Leben e.V., Hamburg 1984

Meulenbelt, Anja: Für uns selbst, München 1981

Mies, Maria: Gesellschaftliche Ursprünge der geschlechtlichen Arbeitsteilung, in: Beiträge 3 zur feministischen Theorie und Praxis, 1980, S. 61-78

Mies, Maria: Kapitalistische Entwicklung und Subsistenzproduktion, in: Werlhof, Claudia von, Mies, Maria (Hg.): Frauen - die letzte Kolonie, Hamburg 1983

Nienhaus, Ursula: Erwerbsarbeitsplatz, in: Beyer/Lamott/Meyer (Hg.): Frauenhandlexikon, München 1983, S. 64

O'Grady, Ron: Prostitutionstourismus, in: Tourismus- Prostitution- Entwicklung, Zentrum für entwicklungsbezogene Bildung (Hg.), Stuttgart 1983, S. 8

Ohse, Ulla: Sklavenmarkt BRD, in: EPK 5/1981, S. 22-23

Pamonsai, Ruang, Fua, Marie: Thai Frauen. Ein weiter Weg zur Freiheit, in: Thai Correspondenz 7/8, München 1980, S. 86-87. Zuerst erschienen in der japanischen Frauenzeitschrift 'Feminist'

Paul, Diana Y.: Die Frau im Buddhismus, Hamburg 1981

Phongpaichit, Pasuk: From peasant girls to Bangkok masseuses, International Labour Office, Genf 1982

Potter, Sulamith Heinz: Family Life in a Northern Thai Village, University of California Press 1977

Prokop, Ulrike: Weiblicher Lebenszusammenhang. Von der Beschränktheit der Strategien und der Unangemessenheit der Wünsche, Frankfurt 1980

Pross, Helge: Die Männer, Reinbek 1978

Pust/Reichert/Wenzel: Frauen in der BRD, Hamburg 1983

Reichtum für wenige, in: Thailand Broschüre des Vereins Leben e.V., Hamburg 1984

Rogers, Barbara: The Domestication of Women. Discrimination of Women in Developing Societies, London 1980

Schmidt, Heinz G.: Der neue Sklavenmarkt, Basel 1985

Sereewat, Sudarat: Prostitution-Thai-European Connection, Weltkirchenrat, Genf 1983

Sereewat, Sudarat: Sex for Sale, Paper presented at the Thai-German Dialogue, unveröffentlichtes Manuskript

Skrobanek, Siriporn: The Transnational Sex-Exploitation of Thai Women, Den Haag 1983, unveröffentlichtes Manuskript

Sricharatchanya, Paisal: Too much room at the inn, in: Far Eastern Economic Review, Tokio, 10.11.1983

Stille Schreie. Berichte, Meinungen, Dokumente aus dem Frauenhaus Ludwigshafen, Eigendruck, Ludwigshafen 1984

Straatmann, Gisela: Massenprostitution und Prostitutionstourismus in die Dritte Welt. Beispiel Thailand, in: Thai Correspondenz 7/8, München 1980

Südostasieninformation Nr. 3, Jg. 1 vom 1.9.1985, Bochum

Tatschmurat: Erwerbstätigkeit, in: Beyer/Lamott/Meyer (Hg.): Frauenhandlexikon, München 1983, S. 69-71

Thailand im Überblick. Bildungswesen, in: Thailand Broschüre des Vereins Leben e.V., Hamburg 1984

Thitsa, Khin: Providence and Prostitution - Image and Reality for Women in Buddhist Thailand, London 1980

Tourismus- Prostitution- Entwicklung:
1983a: Southeast Asia Chronicle. 1980, S. 49, in: Tourismus- Prostitution- Entwicklung. Hrsg. vom Zentrum für entwicklungspolitische Bildung, Stuttgart

1983b: Sanfte Frauen gegen harte Devisen, in: Der Überblick 4/1981

1983c: Südostasiengruppe, Frankfurt 1980

Vokey, Richard: Dilemma of the holiday hosts, in: Far Eastern Economic Review, Tokio, 7.11.1980

Wald, Hermann: Bordell des Westens?, in: Merian-Heft Thailand, Hamburg o.J.

Wiegmann, B.: Ehe, S. 59-61; Scheidung, S. 248-251, in: Beyer/Lamott/Meyer (Hg.): Frauenhandlexikon, München 1983

Wilke, Renate: Sexuelle Abenteuerferien, in: Entwicklungspolitische Korrespondenz 5/1981, Hamburg 1981

Wilke, Renate: Wer verdient was?, in: Tourismus- Prostitution- Entwicklung, München 1983, S. 48

Wilke-Launer, Renate: Solidarisch gegen die Feminisierung der Armut, in: Südostasieninfo Nr. 3, Bochum 1985

Quellen

Airtours: Urlaub mit Linie 1984, Horten Reisebüro

Boller, Wolfgang: Bangkok - Ein Streifzug auf eigene Faust, in: Heyne Reiseführer "Zwei Wochen in Fernost", München 1980

Bulletin Today, 21.8.1983, 1

Bunte:

1972a: 20.1.1972: Uschi Glas: Mich interessiert der exotische ferne Osten

1972b: 3.2.1972: Neckermann Preisausschreiben, 3. Preis: Bangkok

1972c: 17.2.1972: Thailand liegt Elisabeth zu Füßen, S. 17ff.

1972d: 22.6.1972
1972e: 24.8.1972
1973: 20.11.1973
1974a: 21.4.1974
1974b: 4.7.1974: Bummibol und Sirikit: Unser Thron steht im Herzen des Volkes, S. 28

1975a: 28.5.1975: Der Feind steht schon im Land, der Thron ist in Gefahr

1975b: 5.11.1975: Die letzten Paradiese unserer Welt, S. 20

1976a: 8.1.1976: Würstel mit Sauerkraut

1976b: 18.11.1976: Wo Deutsche Weihnachten feiern

1977: 18.12.1977: Dankgebet eines Königspaares, S. 22 f.

Bunte Illustrierte/Weltspiegel

22.6.1972: Methusalem als Kindergärtner
24.8.1972: Ein Missionar, der Gott beleidigte

21.9.1972: Nicht alles, was von draußen kommt, ist gut
2.11.1972: Den Hauptgewinn gab es zweimal
9.11.1972: Nur beim Finanzamt ist sie kein Star
30.11.1972: Zum Kaffee gab es harte Schläge
12.4.1973: Ein Minister belohnte Ehrlichkeit
18.4.1973: Das große Geschäft mit kleinen Kindern
15.5.1973: Der Gouverneur verbot das Schimpfen, S. 7
7.6.1973: Das Mädchen mit den eisernen Fäusten, S. 7
14.6.1973: Die acht Eide der Unschuld
21.6.1973: Das Geheimnis des heilenden Wassers
20.11.1973: Ehemann auf Raten gekauft
21.4.1974: Die teure Liebe des 95jährigen
7.3.1973: Der Gehsteig ist kein Krämerladen
14.3.1974: An das Geschäft wird Prasong noch lange denken
11.7.1974: Mit Weingeist gegen den Baumgeist
1.8.1974: Fräulein, wollen Sie heiraten?
26.9.1974: Nachtunterricht soll Schüler fördern, S. 11
14.11.1974: In allen Lebenslagen Amulette tragen

Cannain, Michael, Himmelseher, Gisela: Anders Reisen. Tips und Tricks für Tramps und Traveller, Reinbek 1980

Daily Express: Here's what happens to Filipino mail order brides, in: Daily Express (Philippinische Zeitung), 21.8.1983

Exciting. Pornomagazin "Exciting" 27. Theander, Peter (Hg.), Kopenhagen 1983

Frankfurter Rundschau, 10.2.1984: Bordelle ketten Kinder an

Frankfurter Rundschau, 18.2.1984: Kampf gegen Mädchenhandel

Haussels: Informatives Gespräch mit einem deutsch-thailändischen Ehepaar, Frau Haussels (Mitglied der deutsch-thailändischen Gesellschaft) und Heidi Thiemann (Ethnologiestudentin in Köln), Köln 1984

Jet Reisen 1984: Preiswert Urlaub

Konkret: Tomayer, Horst: Nr. 907502 Teresita Bualan, 3.3.1984, S. 731

Kuoni: Reiseprospekt: Panorama der Welt. Deutschland, November 1983 - November 1984

Malaya: How Filipino women become victims of international marriage brokers, in: Malaya (Philippinische Tageszeitung), 4.2.1984

Meiers Welt Reisen: Fernreisen Sommer 1984

Menger: Menger Informationsbroschüre "Traumhaft schön", 1984

Neckermann Reisen: Neckermann Reisekatalog mit Informationsheft 1983/84

Polyglott Reiseführer Bangkok, München 1979/80 (4. Auflage)

Praline:
1971a: 17.3.1971: Sind Ausländerinnen besser im Bett?
1971b: 4.11.1971
1971c: 1.12.1971

1972a: 26.1.1972: 17 faszinierende Tage in Bangkok für 1.095 DM

1972b: 1.3.1972: Eine Traumreise nach Japan, Taiwan, Hongkong und Thailand

1972c: 4.6.1972
1972d: 14.6.1972
1972e: 28.6.1972
1972f: 27.9.1972
1972g: 1.11.1972
1972h: 8.11.1972: 17 Tage Bangkok
1972i: 13.12.1972
1973a: 11.1.1973: Anzeige "Urlaubsglück mit Transeuropa"
1973b: 18.1.1973
1973c: 15.2.1973
1973d: 15.3.1973
1973e: 22.3.1973: Serie 'Die dunkle Haut lockt': Komm mit mir, ich will dir gehören, sagte das Thaimädchen Sianki (17) zu Klaus (28) aus Ulm

1984: 14.6.1984: Traumreise Philippinen

Praline zu Eurasierinnen
4.10.1972: Unsere Liebesgeschichte: Harald Juhnke und seine 'eurasische' Frau

14.6.1972: Unsere Liebesgeschichte

1972f: 27.9.1972: Dunkle Haut bei uns: Lin Strauß
1972g: 1.11.1972: Dunkle Haut bei uns. Eine Eurasierin
1973c: 15.2.1973: Dunkle Haut bei uns. Eine Eurasierin
1973d: 15.3.1973: Dunkle Haut bei uns. Eine Eurasierin

Praline-Serie: Sexualbräuche der Naturvölker
1971c: 1.12.1971: Seju-Dajah im Norden Borneos
1972d: 14.6.1972: Sakai in Malaysia
1972e: 28.6.1972: Ifugao auf den Philippinen
20.9.1972: Ifugao auf den Philippinen
1972i: 13.12.1972: Rakun in Malaysia
1973b: 18.1.1973: Dayah in Borneo

Quick
1971a: 3.3.1971
1971b: 15.9.1971
1971c: 19.9.1971
1971d: 1.12.1971: Die Mädchen mit den sanften Pfoten
1971e: 15.12.1971: Reisetip: Für 1.000 DM an den Strand der Millionäre

1972a: 12.1.1972: Reisetip: Für 1.000 DM ans Ziel Ihrer Träume

1972b: 19.1.1972: Serie: Das Abenteuer heute, ein Mann zu sein;
Ferien: Das Sexspiel ohne Grenzen

1972c: 17.5.1972
1973: 8.2.1973: Alle Abenteuer dieser Welt
1974a: 31.1.1974: Einmal Bangkok und zurück
1974b: 22.3.1974

1975a: 7.5.1975: Aus Liebe leben sie in einer fremden Welt. Immer mehr Männer heiraten Mädchen aus dem fernen Osten

1975b: 17.6.1975
1975c: 11.12.1975: Ein Platz an der Wintersonne
1976a: 9.9.1976
1976b: 14.10.1976: Sirikits Reich zerfließt im Blut
1977a: 8.9.1977: Mandelaugen für das Eheglück
1977b: 24.11.1977: Fliehen Sie doch einfach in die Sonne Asiens, einsame Strände, zauberhafte Mädchen

1979: 3.5.1979: Heiratsvermittlung: Suche Ehefrau, gehorsam, willig und immer bereit

Quick-Serie 'Alle Mädchen dieser Welt'
1971a: 3.3.1971: Jamila aus Indonesien
1971b: 15.9.1971: Smelda aus Manila
1971c: 19.9.1971: Lin aus Burma
1972b: 19.1.1972: Ray aus Bali
1972c: 17.5.1972: Miriam aus Malaysia

Weitere Quick-Nummern
20.9.1972: Urlaub im Land Ihrer Träume
16.2.1973: Quick Reise: So fliegen Sie billiger in die weite Welt
1.1.1974: Aus Konkurrenzangst wagen Veranstalter keine Preiserhöhungen
7.9.1974: Wo in diesem Winter die Sonne scheint und was sie kostet

27.2.1975: Ihr Urlaub 75
19.4.1979: Reise-Umfrage: Was sich Urlauber wünschen
2.4.1981: Was kostet ein Tag im Urlaub
19.11.1981: Reisen in die Sonne. Im Winter die Sonne genießen

Ramil-Weiß, Norma: Interview mit Luz Leontera, Attaché der philippinischen Botschaft in Bonn, durchgeführt von Norma Ramil-Weiß, philippinische Soziologiestudentin in Münster

Scheicher, H.W.: Die jungfetten Deutschen, in: Heyne Reiseführer "Zwei Wochen in Fernost", München 1980

Schumacher: Deutsche Botschaft Bangkok, Brief an S. Lipka, 20.6.1984

Spiegel
1972: 21.2.1972: Werbung: Singapur Airlines
1973a: 19.2.1973: Allein zu Bett
1973b: 19.11.1973: Engel eingeflogen
1974: 25.2.1974: Bangkok: Germans are velly happy!
1976a: 5.7.1976: Werbung: Singapur Airlines
1976b: 2.8.1976: Thailand. Pistole unterm Hemd
1979: 1.10.1979: Moralische Erziehung
1983a: 20.6.1983: Richter: bei den Akten
1983b: 19.9.1983
1983c: 7.11.1983: Ehevermittlung wie Vieh

Stadtplan für Männer: Bangkok, Monika Dülk Verlag, Berlin o.J.

Stadtplan für Männer: Frankfurt, Monika Dülk Verlag, Berlin o.J.

Stadtblatt: Ich bin ja kein Chauvi, in: Stadtblatt Münster Nr. 13/1983, S. 10

Stern
1971a: 14.2.1971: Eurasierinnen: Nur weiße Haut ist im Bett gefragt
1971b: 20.6.1971: Es muß ja nicht immer gleich Liebe sein
1972a: 19.3.1972: Mädchen zum Mieten
1972b: 12.11.1972: Werbung: Singapur Airlines
1972c: 17.12.1972: Herrscherkult. Für die Königin ins Kittchen
1974a: 20.10.1974
1974b: 19.12.1974: Ach wärst Du doch in Düsseldorf geblieben
1975: 24.7.1975: Küche: Frauen, die wissen, was gut tut
1976: 12.8.1976: Noch 5 Jahre bis Ladenschluß

Weitere Stern-Ausgaben
23.7.1972: Die Erfahrungen der Seeleute mit den Folgen käuflicher Liebe
22.2.1973: Konkurrenzneid, Tannamotas gekaufte Bräute
17.1.1974: Abenteuer auf Ceylon
11.7.1974: Jambosala-Werbung mit einer Asiatin
12.12.1974: Zum Kegeln nach Bangkok
13.11.1975: Flugreisen: Für 9,75 DM nach London hin und zurück
1.7.1976: Jambosala-Werbung mit einer Asiatin

TAZ: Elend in Westberlin. Ghandische Prostituierte, in: TAZ, 19.9.1985

Teenager Thai Sex. Pornomagazin "Teenager Thai Sex". Schmidt, Peter (Hg.), Hamburg 1984

Terzieff, Michael: Käufliche Liebe in Südostasien. Ratschlaggeber für Sexualtouristen, Monika Dülk Verlag, Berlin o.J.

Thai Lolitas. Pornomagazin "Thai Lolitas - Original Sex aus Bangkok", Nr. 5, 6 und 8, San Remo Press, München o.J.

Touropa Urlaubsberater Thailand: Exotisches Reich am Golf von Siam, München 1974

Transair Reiseprospekt: Sommer 84

Treichler/Möbius: Südostasien selbst entdecken. Ein Reiseführer, Zürich 1984

Uhlig, Helmut: Auf den Spuren Buddhas. Ein Südostasienreiseführer, Frankfurt/Berlin/Wien 1982

Uhse/Versandkatalog des Orion-Versandes von Beate Uhse, Flensburg o.J.

Zwei Wochen in Fernost. Heyne Reiseführer, München 1980

F. Buer/A. Cramer/E. Dittrich/R. Reichwein/H.-G. Thien
Zur Gesellschaftsstruktur der BRD
Beiträge zur Einführung in ihre Kritik/2. überarb. Aufl. 1985
ISBN 3-924550-13-1 439 S., DM 29,–

In diesem Sammelband geht es nicht nur um die Sammlung von Informationen, sondern um die Klärung grundlegender Sachverhalte auf einer theoretisch ausgewiesenen Argumentationsgrundlage. Diese stellt die Verbindung dar für die Behandlung von Klassenstruktur, Staat, Gewerkschaften, Soziale Ungleichheit, Familie, Schulsystem, Jugend und Sozialarbeit. In der Neuauflage wurde eine Aktualisierung der empirischen Materialien und unter Berücksichtigung der neueren Literatur eine theoretische Präzisierung vorgenommen. – Mit ausführlichen Literaturhinweisen und Sachregister.

Aus Pressestimmen:
»Diese Analysen können als eigenständige und wichtige Beiträge zur Gesellschaftsanalyse der Bundesrepublik und zur sozialgeschichtlichen Entwicklung der untersuchten Teilbereiche angesehen werden. Sie machen deutlich, daß eine differenzierte, am Material orientierte marxistische Analyse gesellschaftlicher Tatsachen unverzichtbar ist. Als Ergänzung und Kontrast zu den zuvor erwähnten Sozialkundebüchern können diese Beiträge nachdrücklich empfohlen werden.«

B. Schäfers (Soziologische Revue)

---

in Vorbereitung:
Gabriele Theling
»Vielleicht wär ich als Verkäuferin glücklicher geworden« – Arbeitertöchter und Hochschule
ISBN 3-924550-18-2 ca. 120 S., ca. 14,– DM

Nicht erst seit der ›Wende‹ wird die Situation von Studentinnen und Studenten aus der Arbeiterschaft schwieriger – die Konfrontation mit der herrschenden Wissenschaft in ihrer universitären Form prägt ihre Lage insgesamt. Als Betroffene geht Gaby Theling den Konfliktlinien nach, die durch das Aufeinandertreffen verschiedener Lebensformen gesetzt sind. Anhand ausführlicher Interviews entwirft sie ein detailliertes Bild des studentischen Lebens von Arbeitertöchtern, ihrer Auseinandersetzung mit der institutionalisierten Wissenschaft und ihren Problemen, den Bezug zum Herkunftsmilieu aufrechtzuerhalten. Trotz der Reformen im Bildungssystem hat sich die Fremdheit zwischen der Bildungsinstitution, die die Eliten für die bürgerliche Herrschaft produziert, und der Arbeiterklasse nicht verringert. Besonders Frauen aus der Arbeiterschaft müssen ihren Versuch, sich das versprochene Wissen und die erhoffte Bildung anzueignen, mit Leid bezahlen.

Weitere Verlagstitel:

Autorenkollektiv, Hochschulsozialismus. Zu Problemen marxistischer Theorie und Praxis mit einer Kritik an Wetzel, Negt/Kluge) 147 S. 8,– DM

Norbert Brozio, Gewerkschaftlicher Wiederaufbau im nördlichen Ruhrgebiet 1945-1947. 138 S. 10,– DM

Thomas Fatheuer, Eigentore – Soziologie und Fußball 115 S. 15,– DM

Hanns Wienold, Gesellschaftlicher Reichtum und die Armut der Statistik. Einführung in die Sozialstatistik I, 2. überarb. Aufl. 192 S. 15,– DM

Andreas Klein-Reesink, Textilarbeiterschaft und Nationalsozialismus im Westmünsterland – eine regionale Untersuchung zur Auseinandersetzung katholischer Arbeiter mit dem Faschismus. 163 S. 10,– DM

Johannes Gröll, Die Moral der Familie. Zur Form von individueller Reproduktion, Familie und Staat. 90 S. 8,– DM

F. Buer/A. Cramer/E. Dittrich/R. Reichwein/H.-G. Thien, Zur Gesellschaftsstruktur der BRD, 2. überarb. Aufl. 1985 439 S. 29,– DM

Johannes Gröll, Staat und Schule. Eine Institutionsanalyse. 66 S. 4,– DM

Ulrike Halbe-Bauer, Propheten im Dunkel. Kunne Brockötter erzählt vom Täuferreich zu Münster. 155 JS. 14,– DM

Lutz Raphael, Partei und Gewerkschaft. Die Gewerkschaftsstrategien der kommunistischen Parteien Italiens und Frankreichs seit 1970. 327 S. 31,60 ,– DM

Marcus Weidner, Nur Gräber als Spuren. Das Leben und Sterben von Kriegsgefangenen und ›Fremdarbeitern‹ in Münster während der Kriegszeit 1939-1945. 134 S. 26,– DM

Christa Bröckelmann/Lothar Wentzel, Zum Bergmann wird man gemacht. Zur Legende von der Unmöglichkeit, späteingewanderte türkische Jugendliche beruflich zu qualifizieren. 108 S. 12,– DM

H.G. Thien/H. Wienold/S. Preuß (Hg), Überwältigte Vergangenheit – Erinnerungsscherben: Faschismus und Nachkriegszeit in Münster i.W. 195 S. 17.90,– DM

Heinz Hülsmann, Die Maske. Essays zur technologischen Formierung der Gesellschaft. 128 S. 17.70,– DM

Hans-Erich Bremes (Hg), 140 Jahre Weberaufstand in Schlesien. Industrie und Technik – gestern und heute. Ein Beitrag zur politischen Kulturarbeit. 162 S. 20,– DM

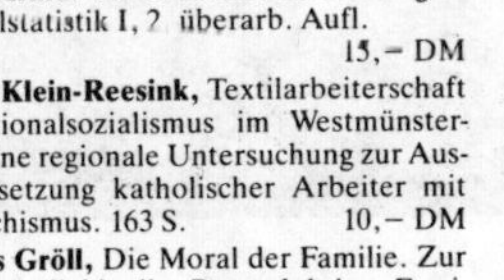

Verlag Westfälisches Dampfboot
c/o H.-G. Thien, Breul 11a, 4400 Münster
Auslieferung
Bundesrepublik: Prolit-Buchvertrieb · Siemensstr. 18a, Postf. 11 1008 · 6300 Gießen 11
Berlin: Rotation, Mehringdamm 51, 1 Berlin 61
Schweiz: Pinkus Genossenschaft, Froschaugasse 7, Ch-8001 Zürich